U0749713

环山
HUANSHAN

环山印记 第一辑

裘一琳　裘星一　裘申良 主编

浙江工商大学出版社
ZHEJIANG GONGSHANG UNIVERSITY PRESS

·杭州·

图书在版编目（CIP）数据

环山印记·第一辑 ／ 裘一琳，裘星一，裘申良主编．

—— 杭州 ：浙江工商大学出版社，2020.6

ISBN 978-7-5178-3921-7

Ⅰ．①环… Ⅱ．①裘… ②裘… ③裘… Ⅲ．①乡镇－

地方文化－介绍－富阳 Ⅳ．① G127.555

中国版本图书馆 CIP 数据核字（2020）第 102357 号

环山印记·第一辑

HUANSHAN YIN JI DI YI JI

裘一琳 裘星一 裘申良 主编

策　　划	张　洪	
责任编辑	沈明珠	
责任校对	熊静文	
封面设计	叶晓荣	
出版发行	浙江工商大学出版社	
	（杭州市教工路 198 号　邮政编码 310012）	
	（E-mail: zjgsupress@163.com）	
	（网址 :http://www.zjgsupress.com）	
	电话：0571-88904980，88831806（传真）	
排　　版	杭州富阳宇恒广告有限公司	
印　　刷	无锡市博润印务有限公司	
开　　本	710mm × 1000mm　1/16	
印　　张	7.25	
字　　数	108 千	
版 印 次	2020 年 6 月第 1 版　　2020 年 6 月第 1 次印刷	
书　　号	ISBN 978-7-5178-3921-7	
定　　价	36.00 元	

编 委 会

序一　环山精神

西南枢纽　秀美剡水
转型新星　幸福环山

环山乡位于杭州市西南部，根据富阳区委、区政府提出的"一个新核心、三个新中心"的发展定位，其中一个新中心就是"辐射带动杭州西南部发展的交通枢纽新中心"——环山乡，届时，环山乡将成为一个汇集高铁、高速、国道、省道等交通要道的杭州西南交通枢纽，区位优势凸显。这将为环山乡新一轮的转型发展带来极佳机遇期。

环山乡因"四山环抱剡水流"而得名，"一江十溪"之一的剡溪穿乡而过，在中埠村注入富春江。环山地域面积虽不大，但自古山明水秀、人杰地灵，山水风光与人文积淀相得益彰。尤其是境内7公里剡溪，碧波荡漾，两岸烟村繁盛，风光旖旎，美得精致，美得灵秀，是环山乡打造美丽经济的主战场。

近年来，环山乡党委、政府在富阳区委、区政府绿色发展理念的指引下，坚持走产业结构变"轻"、发展模式变"绿"、经济质量变"优"之路，全力打造环山经济"升级版"，一颗转型的新星正在冉冉上升。

建设"幸福环山"，是环山乡党委、政府团结带领全乡人民加快发展、转型发展的终极目标。要幸福就要奋斗，乡党委、政府将不辱使命，不负重托，在奋斗中体现责任和担当。

中共环山乡委员会 环山乡人民政府
2020 年 5 月

序二 环山集镇正从"小而美"迈向"美而富"

颜值添魅力 文化提气质 项目激活力

文 / 叶茜 张望超 裘一琳

环山乡位于杭州市富阳区西南部,北濒美丽的富春江,"一江十溪"之一的剡溪穿乡而过,地域总面积38.47平方公里,下辖中埠、诸佳坞、中兴、环一、环二、环三、环联7个行政村,总人口12671人。改革开放40年来,环山乡经济社会各个方面取得了长足进步。

环山乡因"四面环山"的地貌特征而得名。通过观看卫星云像图,环山乡的行政版图,酷似一张迎风摇曳的枫叶。枫叶因"霜叶红于二月花"的顽强生命力和"霜重色愈浓"的不屈不挠、傲霜凌雪的精神,而成为古往今来文人墨客反复吟咏的励志载体。俗话说"一方山水养一方人",在悠悠岁月中,浸润于枫叶所特有的气质禀赋中的环山乡,逐渐形成了这方山水勤劳智慧、百折不挠的独特人文内涵,从而幻化为祖祖辈辈环山儿女不畏艰难、敢闯敢拼、负重奋进、开拓创新的文化基因和精神内核。

进入中国特色社会主义现代化建设的新时代,环山乡党委、政府团结带领全乡人民,在"西南枢纽、秀美剡水、转型新星、幸福环山"的新时代"环山精神"的感召下,高标准、高质量、高强度、高效能推进小城镇环境综合整治工作,为村庄添绿,为百姓增收,为环山谋振兴,全力打造一个"生态宜居、底蕴深厚、兴业富民"的活力小镇。

环山集镇东靠狮子山,西、南两面濒临剡溪,北面以候军坞溪为界,

由环一、环二、环三、环联四个行政村组成，区域面积为 0.85 平方公里。集镇以裘、叶、方三大姓氏为主繁衍聚居而成，人口近 5000 人，尤其以富春裘氏最大的聚居地而享誉"三江两岸"，至今已有上千年人文发展史。自 2018 年 3 月 12 日开始小城镇环境综合整治以来，环山集镇形象日新月异，正经历有史以来规模最大的一次沧桑巨变！

打造"活力小镇"的精致"颜值"

富阳区环山乡集镇历史悠久，人口集聚，由于长期以来缺乏统一规划，村民建房见缝插针、杂乱无序，多年来垃圾随意处置，导致集镇环境脏乱差，严重制约着人民群众生活品质的提升。

自 3 月 12 日进入小城镇环境综合整治"进行时"，乡党委、政府秉持为民谋幸福的"初心"与"使命"，总投资 4170 万元，对集镇区域进行全方位整治，扮靓环境让集镇"美"起来，挖掘文化让集镇"活"起来，引进产业让集镇"富"起来，以实现"一年保验收、两年再提升、三年见成效"整治目标，全力打造一个"生态宜居、底蕴深厚、兴业富民"的活力小镇。

一个冬阳融融的午后，一群穿着鲜亮冬衣的孩子，在集镇环三村刚刚整治出来的公园内玩橡皮泥。孩子们无忧无虑的脸上绽满兴奋的笑容。他们周围，是新硬化的开阔道路、新植的花草树木，还有文化长廊等公共设施，一切都已焕然一新，一切都显得那么朝气蓬勃。那场景和城区任何一处社区公园别无二致。

谁能想象，在半年多前，这里还到处是残垣断墙，杂草丛生，建筑垃圾、生活垃圾随处可见。集镇环三村虽说地处村子的中心地带，但因多年的破败，无人收拾，早已"人迹罕至"，倒成了蛇鼠做窝的理想地。

小城镇环境综合整治中，乡党委、政府发动村民齐心协力拆危旧、清垃圾，并在堆整齐、扫干净的基础上，投入财力物力，整治出一个占地 1800 平方米的公共活动场地。昔日人人见弃的肮脏地，如今已是留人驻足的百花园。

就这样，集镇往昔不忍目睹的脏乱差，迅速成了村民们的记忆。眼前看到的，分明是畅通整洁的村中道路、生机盎然的小品绿化、整齐洁美的农家庭院和蔚然成风的文明乡俗。

有一组数字，可注解这次集镇"颜值革命"的"史无前例"：拆除危旧房及违建物 40000 平方米，清运垃圾 18000 余吨，整改提升道路 43333 平方米，整治立面 12000 余平方米，新增"微景观"5328 平方米……值得一提的是，环山乡党委、政府利用 84 个拆后留用的点位（总面积达 12 亩），发动党员干部种上了各种蔬菜，以免费保障全乡各行政村居家养老服务站的蔬菜供应。

一村民有感于集镇"颜值革命"带来的可喜变化，欣然赋诗一首："小城镇环境综合整治 / 造就美丽 / 美了家园 / 美了庭院 / 美了干部的工作作风 / 美了百姓的生活习俗 / 如暴风骤雨 / 在大拆大整中洗礼夯实 / 如润物细雨 / 在小细节小空间里潜移默化 / 历史的欠账 / 在整治中偿还 / 发展的空间 / 在整治中拓展 / 这 / 就是 / 人民群众 / 美好生活的向往。"

颜值不仅带来了生机，更带来了商机。

环山集镇的主街环兴路，整治过后，日显精致。在这条 1300 米长的主干道上，以前零星分布着 30 多个商铺，现在数一数，竟然达到 158 家。集镇环境变美了，吸引了曾经外出谋发展的年轻人纷纷回乡创业。不仅如此，乡党委、政府还利用拆除的原供销社旧址，引进了全省"一般乡镇"第一家投资 2000 万元的文化综合体项目，计划筹建电影院、文化活动中心、图书馆、农村电商平台等设施，以适应现代人就业创业和休闲娱乐需求。

原来废旧的国有粮站，也经过改造得以盘活，引入"滁皆书院"文创项目，占地 4400 平方米，总投资 3000 万元，将构建以陶艺馆、展示区、书吧等为内容的文创基地。

有了颜值担当，有了产业业态，还有传统文化做底蕴，美丽经济就有了滋长的土壤，为环山集镇从"小而美"迈向"美而富"打下了坚实基础。

打造"幸福环山"的文化"内核"

四山环抱剡水流，岗翠峰青目难收；祠坊俊达多掌故，任尔潇洒叩乡愁。

环山地域面积虽然不大，但自古山明水秀，人杰地灵，山水风光与人文积淀相得益彰。尤其是境内7公里剡溪，碧波荡漾，两岸烟村繁盛，风光旖旎。有着好山好水映衬着的环山，美得精致，美得灵秀，是一个"看得见山，望得见水，记得住乡愁"的心灵栖息地。

在小城镇环境综合整治过程中，乡党委、政府充分发挥乡贤作用，成立了文化挖掘小组，以文化挖掘、传承和创新，作为集镇整治的重中之重来抓，确立了"传统文化、红色文化、产业文化"三大文化体系建设方向，全力打造新时代环山乡的文化"内核"。

这里以宗族文化为代表的传统文化源远流长，古往今来，环山人民崇尚孝义、清廉、诚信、善德的为人处事规范，形成了一种追求居仁由义的淳朴民风，生生不息，代代相传。

环山又是杭州市"革命老区乡"，红色文化基因深厚。无论在建党初期，还是在抗日战争、解放战争中，环山的仁人志士不惜抛头颅、洒热血，为革命事业做出了积极贡献。至今，集镇上尚有谭启龙向环山人民宣传抗日演讲的遗址。1961年，毛泽东秘书田家英曾率中央调查组进驻环山访贫问苦，并在环山集镇临时办公地起草了光耀史册的《农业六十条》。

改革开放初期的20世纪80年代，因受落户在环山的富春江冶炼厂的技术带动，环山人民愣是奇迹般地生发出了惊艳全国的铜冶炼产业。环山早期创业者敏锐的市场嗅觉和敢闯敢拼的精神，使此地成为红极一时的全国三大粗铜集散地之一。如今，环山乡已经走上了产业转型之路，铜冶炼产业也已退出了历史舞台，但由此凝练而成的产业文化，成为激励新时代环山人民打造美丽生态、建设美丽乡村、发展美丽经济的宝贵精神财富。

环山集镇三大文化体系穿越历史，对话古今，相互交融，交相辉映。在小城镇环境综合整治进程中，乡党委、政府分别将三大文化体系中的

部分内容，以图文并茂的表现方式，植入各个整治节点上，使之成为小城镇建设的一层独特气质。与此同时，将三大文化体系的挖掘成果集结出版成《环山印记》一书，为全乡人民留下一份珍贵的文化遗产。

深入挖掘和传承传统乡土文化，也为增强村民文化自信提供了丰富的精神食粮。如今，挖掘传统文化，讲好环山故事，传承家风家训，倡导文明新风，已成为环山乡一道独特的文化风景线。以浓郁的地方特色文化为底蕴，将使环山乡小城镇建设更具历史的厚重感和人文的鲜活感。

环山集镇正从『小而美』迈向『美而富』

颜值添魅力 文化提气质 项目激活力

文/叶菁 张望超 袁一琳
图片提供/环山乡政府

环山乡位于杭州市富阳区西南部，北濒美丽的富春江，"一江十溪"之一的剡溪穿乡而过，地域总面积38.47平方公里，辖中埠、诸佳坞、中兴、环一、环二、环三、环联7个行政村，总人口12671人。改革开放40年来，环山经济社会各个方面取得了长足进步。

环山因"四面环山"的地貌特征而得名。通过观看卫星云像图，环山乡的行政版图，酷似一张迎风摇曳的枫叶。枫叶因"霜叶红于二月花"的顽强生命力和"霜重色愈浓"的不屈不挠、傲霜凌雪的精神，而成为支柱今来人墨客反复吟咏的励志载体。俗话说一方山水养一方人，在悠悠岁月中，浸润于枫叶所特有的气质禀赋中的环山乡，逐渐形成了这方山水勤劳智慧、百折不挠的独特人文内涵，从而幻化为祖祖辈辈环山儿女不畏艰难、敢闯敢拼、负重奋进、开拓创新的文化基因和精神内核。

进入中国特色社会主义现代化建设的新时代，环山乡党委、政府团结带领全乡人民，在"西南枢纽、秀美剡水、转型新星、幸福环山"的新时代"环山精神"的感召下，高标准、高质量、高强度、高效能推进小城镇环境综合整治工作，为村庄添绿彩，为百姓增收，为环山谋福利，全力打造一个生态宜居、底蕴深厚、兴业富民的活力小镇。

环山集镇东靠弱子山，西、南两面濒临剡溪，北面以岐军坞溪为界，由环一、环二、环三、环联四个行政村组成，区域面积为0.85平方公里。集镇以裘、叶、方三大姓氏为主繁衍聚居而成，人口近5000人，尤其以富春裘氏的聚居地而享誉"三江两岸"，至今已有上千年人文发展史。自今年3月12日开始小城镇环境综合整治以来，环山集镇形象日新月异，正经历有史以来规模最大的一次脱胎换骨的沧桑巨变！

打造"活力小镇"的精致"颜值"

富春江环山以乡集镇历史悠久、人口集聚，由千年剡溪来缝交织一现起，村民随亭居随摊村，杂屋充斥，多年来处段随意搭设，导致集镇环境脏乱差，严重影响着人民群众生活质量的提升。

自今年3月12日进入小城镇环境综合整治整治"进行时"，乡党委、政府秉持为民谋幸福的"初心"与"使命"，总投资4170万元，对集镇区域进行全方位脱标、拆解标点让集镇"美"起来，挖掘文化让集镇"活"起来，引进产业让集镇"富"起来，以实现"一年保验、两年再提升、三年呈成效"整治目标，全力打造一个"生态宜居、底蕴深厚、兴业宜民"的活力小镇。

一个冬月瑞雪的午后，一群穿着艳亮冬衣的孩子们，在集镇环三引闹闹嬉治出来的公园与操栈场前。孩子们玩耍无忌的跳上跳落高兴的笑容。在他们周围，是新硬化的平整道路、新植的花草树木，小区社区便等公共设施、一切都已焕然一新、一切都呈现那么新鲜气象。那样崭，和城区任何一处社区公园别无二致。

谁能想象，在半年多前，这里还到处是视短操场，杂草丛生，建筑垃圾、生活垃圾随处可见。虽说地处村子的乡心地带，但因多年的破败无人收治，早已"人迹罕至"，倒成了脏乱破败的理想地。

小城镇环境综合整治中，乡党委、政府发动村民齐心协力拆危出土，清烂堆、拼志堆整齐，打开村的基础上，投入财力物力，整治出一个占地1800平方米的公共活动场地。昔日人民原的脏乱差，如今已是留人驻足的百花园。

就这样，集镇往昔不忍卒睹的脏乱景出，蜕变成了"村民们"的记忆。眼前看到的，分明是畅通的村中道路、生机盎然的小品绿化、整齐洁美的农家道路和明然成风的文化基地。

有一组数字，可佐证这次集镇"颜值革命"的"史无前例"：拆除危旧房及违建物40000平方米，清运垃圾18000余吨，凝改提升道路44333平方米，整治立面12000平方米，新增"微景观"5328平方米……值得一提的是，环山乡党委、政府和84个拆迁留用点位(总面积达12亩)，发动党员干

种上了各种蔬菜，以免费菜金分会行政村民密度集整各的清莹情况。

一村民看着于集镇"脏底改造"带来的可喜变化，欣然赋诗一首："小城镇环境综合整治的造就美丽/美了家园/美了百姓的生活/幻伤梦风荷园/在大浮大整机亭完/如润物润无声/小串节小时圆里潮潜整化/历史的效帆/在整治中渐渐/发展的空间/在整治中的向往。"

颜值不仅带来了生机，更带来了商机。

一村民看着于集镇"脏底改造"带来的过程，目是精致。在这条1300米长的主干道上，设计有建坊布置30多个画、图是一致，宽达158室。集镇环境美美了，吸引了曾经外出谋发展的年轻人纷纷回乡创业。不仅如此，乡党委、政府还正用新颖的深阳街社，引进了"全省一般为镇第一家投资2000万元的复合型综合项目、计划筹建电影院、文化活动中心、图书馆、农村电商平台等项目，以这满足万人就业创业和休闲乐需求。

原来破旧的国有粮站，也经过改造得以亮活，引入"鹰游书院"文创项目，总投资3000万元，将构建以陶艺馆、展示区、节门等为内容的文创基地。

有了颜值颜色，有了产业态志，还有传统文化就就虚虚，美丽经济就在了遍远的土壤上。为环山集镇从"小而美"迈向"美而富"打下了坚实基础。

打造"幸福环山"的文化"内核"

四山环顾刻水流，岗野峰青目收；树掀起达多繁盛，任尔烟雨的忽歇。

环山地域面积虽然天大，但因古山明水秀，人志地灵，山水风光与人文积淀相得益彰。尤其是境内乡公里周围，碧波荡漾，两岸树村茗绿、风光旖旎。看着环山好水映衬着环山、美丽精致，美貌灵秀，是一个看得见水、望得见水，记得住乡愁"的心灵栖息地。

改革开放初期的上世纪80年代，因受到于在环山的富春山污染"的技术带动，环山人民曾是青造毂地生发出了惊振全国的钢铅场产业。环山早期的老资源锐的市场嗅觉和敏放的精神，使此地成为杠根一代的全国三大根铜集散地之一。如今，环山已经走上了产业转型之路，钢之根产业也已退出了历史舞台，但由比较练

在小城镇环境综合整治过程中，乡党委、政府充分发挥分别作用，成立了文化管理小组，以文化挖掘、传承和创新，作为集镇整治的重中之重来抓，确立了"传统文化、红色文化、产业文化"三大文化体系建设方向，全力打造新时代环山乡的"文化内核"。

这里以宗族文化为代表的传统文化底蕴远灌无流，古往今来，环山人居润润孝文、清廉、诚信、善德的为人处事规范，形成了一种追求望仁由义的淳朴民风，生生不息，代代相钓。

环山又是杭州市的"革命老区"，红色文化基因厚厚根。无论在建党初期、还是在抗日战争、解放战争中，环山的二大志士才徒俊为亮、溃梅血、为革命军业作出了积极贡献。至今、集镇上尚有翼后岳风白环山人民宣传他们英雄讲的遗址。1961年、毛泽东秘书田家英率中央调整组曾赴环山蹲点同苦，并在环山集镇临时办公地起草了

而成的产业文化，成为激励新时代环山人迈向富美的生态、建设美丽乡村、发展集镇经济的宝贵精神财富。

环山集镇三大文化体系穿越历史，延续古今，根豆交盈、交相辉映。在小城镇环境综合整治进程中，乡党委、政府分别对三大文化体系中的部分内容，以图文形式的表现方式，植入千余个整治节点上，为小城镇建设的一道独特气质。与此同时，将三大文化体系的控制成果集结出版成《环山印记》一书，为全乡人民留下一份珍贵的文化遗产。

通过深入挖掘和传承统传统统乡土文化的，也为增强村民文化自信提升了丰富的精神食粮。如今，挖掘传统文化，讲好环山故事，传承家风家训，倡导文明新风，已成为环山乡一道独特的文化风景线。坚持提升的地方特色文化为载道，将使环山乡小城镇建设更具历史的厚重感和人文的鲜活感。

前言 打造"幸福环山"的文化"内核"

文化是一个民族的血脉。

习近平总书记对传承和弘扬我国优秀传统文化有著名论断：一个国家、一个民族的强盛，总是以文化兴盛为支撑的。没有文明的继承和发展，没有文化的弘扬和繁荣，就没有中国梦的实现。中华民族创造了源远流长的中华文化，也一定能够创造出中华文化新的辉煌。要坚持走中国特色社会主义文化发展道路，弘扬社会主义先进文化，推动社会主义文化大发展大繁荣，不断丰富人民精神世界，增强人民精神力量，努力建设社会主义文化强国。

环山乡位于杭州市西南部，四面环山，剡溪水穿乡而过，在中埠村注入富春江。环山地域面积虽不大，但自古山明水秀，人杰地灵，山水风光与人文积淀相得益彰。尤其是境内 7 公里剡溪，碧波荡漾，两岸烟村繁盛、风光旖旎，美得精致，美得灵秀，是环山乡打造美丽经济的主战场。根据富阳区委、区政府提出的"一个新核心、三个新中心"的发展定位，其中一个新中心就是"辐射带动杭州西南部发展的交通枢纽新中心"——环山乡，届时，环山乡将成为一个汇集高铁、高速、国道、省道等交通要道的杭州西南交通枢纽，区位优势凸显，这将为环山乡新一轮的转型发展带来极佳机遇。

从 2016 年"保障 G20 峰会"环境改造到 2018 年小城镇环境综合整治，环山乡持续开展生态环境重塑和美丽乡村、美丽集镇、美丽经济的建设，有力助推全乡产业结构变"轻"、发展模式变"绿"、经济质量变"优"。近年来，环山乡党委、政府积极响应富阳区委、区政府提出的"三看四态促转型""建设富裕阳光的大都市新型城区"发展战略，在推进环山乡经济社会发展中，充分发挥乡贤作用，成立了文化挖掘小组，以文化挖掘、传承和创新作为"三美"建设的重中之重来抓，确立了"传统文化、红色文化、产业文化"三大文化体系建设方向，同时提炼了十六字的"环山精神"，即"西南枢纽、秀美剡水、转型新星、幸福环山"，全力打造新时代环山乡的文化"内核"。

在乡贤的努力下，环山乡三大文化体系的挖掘工作取得了显著成效。在 2018 年环山乡小城镇环境综合整治进程中，乡党委、政府分别将三大文化体系的部分内容，以图文并茂的表现方式，植入各个整治节点上。与此同时，将三大文化体系的挖掘成果编辑为《环山印记·第一辑》，这标志着环山乡土文化挖掘、传承工作将持续开展下去，为全乡人民留下一份珍贵的精神遗产。

《环山印记·第一辑》一书内涵丰富、脉络清晰、史料详实、叙事客观，是一本足可流传后世的乡土历史教科书。

习近平总书记指出，中国优秀传统文化的丰富哲学思想、人文精神、教化思想、道德理念等，可以为人们认识和改造世界提供有益启迪，可以为治国理政提供有益启示，也可以为道德建设提供有益启发。《环山印记》是环山乡党委、政府主持编撰的第一部系统梳理乡土历史文化源流的读本。本书记载了环山人民自古以来在建设家园的奋斗中开展的精神活动、进行的理性思维、创造的文化成果，反映了环山人民的精神追求，是全乡人民生生不息、发展壮大的重要滋养。传统乡土文化的挖掘和传承，也为增强村民文化自信提供了丰富的精神食粮。如今，挖掘传统文化、讲好环山故事、传承家风家训、倡导文明新风，已成为环山乡一道独特的文化风景线。以浓郁的地方特色文化为底蕴，将使环山乡经济社会发展特色更加鲜明。

值此书稿付梓之际，谨代表本书编委会向鼎力资助的环山商会，表示崇高的敬意和衷心的感谢！

编者

2020 年 5 月

目　录

第一篇章　环山乡传统文化

环山行政区划历史演变

裘申富 / 文

　　环山村形成的历史可追溯到先秦时期，至今村东高山上还遗存着成片"周田"，可以想见，远古时期先民们就在这一带繁衍生息。随着地理环境和气候的变化以及社会生产力的发展，先民们逐渐从高山移居平地，在狮子山脚避水地带造屋聚居，菅田耕耘，形成环山村落。特别是北宋末年绍兴云门裘氏十三世孙讳崇"乐富春山水，徙居环山"，子孙繁衍，形成大族，环山村随之成为从富春江边的中埠到双林、陆墓及剡溪两边各个小村落的中心。宋以前的乡、村行政区划名称现无从考证。

　　北宋时期富春县已改为富阳县，凡县以下的行政建制为乡、里制，富阳县下设十乡，二十七里。环山属于惠政乡，庆护里。当时惠政乡下辖仪凤里（今之上官乡）、庆善里（今之龙门镇）、庆护里（今之环山乡）。

　　南宋时期改里为村，以村统里，富阳县划成十乡，二十七村，七十二里；不久仍复为乡、村制。环山仍属惠政乡，庆护村。

　　元至正十六年（1356），宋之乡、村改为都、图。惠政乡改为惠政都，辖仪凤图、庆善图、庆护图（环山）。

　　明代推行乡、村（坊）制。富阳县仍设十乡、二十七村。当时惠政仍复名，下辖太平村（今之春江街道太平村）、庆护村（环山）、庆善村（龙门）、仪凤村（上官）。

　　清康熙十年（1671），富阳县改设六区，七十五庄。环山属正南区，庆护十庄、十一庄。宣统二年（1910），富阳县设一城十三乡，环山仍为惠政乡。

　　民国初年仍沿袭清制。民国十七年（1928）推行街、村制，县城为街，村落为村，村以下划闾、邻。十户为邻，五邻为闾。富阳县设一千七百十二闾，八千五百零五邻。民国十八年（1929），规定县以下设区，区以下为村。当时环山属场口区，环山村。村以下划里、邻，并改五户为邻。民国十九年（1930）改村里制为乡、镇制。凡满一百户以上的街市设镇，农村一百户以上的村落为乡。富阳县划为十一镇，一百十一乡。

环山称环翠乡。民国二十四年（1935），并编乡、镇。乡镇以下废邻、间为保、甲制。以十户为甲，十甲为保。富阳县并编为四镇，四十二乡，四百五十五保，四千四百四十七甲，环翠乡改为庆护乡。民国三十五年（1946）富阳县并编为二十三乡，乡、镇以下仍为保、甲制，但改为十五户为甲，十五甲为保。环山仍为庆护乡，但包括龙门、上官。民国三十七年（1948）11月，成立场口区署，庆护乡改名剡源乡。环山属剡源乡，归属场口区署。

中华人民共和国成立后，行政区划曾多次变更。1950年3月建区、镇、乡政权，富阳县划为六个区，即城区、青云区、大源区、太平区、场口区、窈口区。下设四个镇，即城关镇、大源镇、场口镇、龙门镇，五十六个乡。场口区辖场口镇、龙门镇、环山乡、善政乡、常安乡、图山乡、东梓乡、桐州乡、新浦乡、王州乡、马山乡。环山属环山乡，并把场口镇的陆墓村、马山乡的双林村划归环山乡所辖。1956年3月，撤区并乡，富阳县划为一镇（富阳镇），十八乡。环山乡与龙门乡合并为友谊乡。1958年实行人民公社化，政、社合一，友谊乡改制为友谊人民公社。1960年1月，富阳、新登、桐庐三县合并为桐庐县，公社规模随之变动，富阳原二十三个公社合并为八个公社。友谊、场口、王州、新桐、常安、东图六个公社合并为场口人民公社。友谊公社改为友谊管理区，管理区下设大队（即村）。1961年12月，富阳从桐庐县拆出，复为富阳县，撤新登县并入富阳县。全县设五个区，即新登、龙羊、青云、大源、场口区，三十七个公社，环山、龙门仍为友谊公社，属场口区。1962年1月友谊公社仍拆分为环山公社、龙门公社。1984年人民公社撤销，恢复乡、镇建制。乡、镇以下设行政村。全县设五个区，五十二个乡镇。环山人民公社改制为环山乡，下设从中埠到陆墓共十九个行政村。1992年5月撤区、并乡、扩镇，富阳县撤销五个区，并为十四个镇，十一个乡，环山仍为环山乡。

随着改革开放的深入，经济和社会的发展，富阳县于1994年撤县建市，富阳县改设为富阳市，自秦皇朝时设置的富阳（春）县，从此成为历史。2007年10月富阳市下文调整行政村规模，环山乡原十九个行政村调整为七个行政村：中埠、陈家畈、下坞合并为中埠村；浦西、柏树下、芳泉、西山合并为中兴村；袁家、诸佳坞、枫树湾合并为诸佳坞村；环三、西岸、假山合并为环三村；环四、新畈、双林、陆墓合并为环联村；环一、环二村按原规模不变。

2015年2月，浙江省政府下文撤销富阳市，并入杭州市改设为"杭州市富阳区"。

环山乡三大文化体系挖掘及体现

据域内相关历史遗迹考证，环山乡文明史始于先秦时期。环山人文底蕴深厚，挖掘和展现身边的历史，讲述好环山的故事，是集镇文化挖掘、传承、创新以及重现环山特色文化风貌的关键所在。本次文化挖掘从三大体系——传统文化、红色文化、产业文化着手。

第一篇章

环山乡传统文化

环山大村（集镇）历史文化源流

裘一琳 / 文

乡村概况

环山大村位于富阳区环山乡南部，因四面环山而得名。村子东面山高坞深，海拔 800 多米的"大山顶"，峰峦叠嶂，有"双峰插云"的美誉，犹如一对慈祥的父母，将环山村拥抱在怀中。村西一条发源于石板岭的剡溪，从上官山里流出，经龙门古镇，蜿蜒绕过环山村，向北汇入富春江，使得从新畈到中埠的 29 个自然村、近 4 万亩山林和 7500 多亩粮田，连成一个以环山村为中心的行政区域——环山乡。

环山乡北濒富春江，东连大源镇，南邻龙门镇，西接场口镇。全乡总面积 38 平方公里，原辖 19 个行政村，2007 年行政村规模调整后，合并为 7 个行政村。现有 3800 多户、12000 多人口。从合并后的行政村建制规模看，环山大村（由环一、环二、环三、环联四个行政村组成）人口占据了全乡的 3/5。

村落形成

在蛮荒年代，环山的"大山—横坞—狮子山"以西、"剑山—锣鼓山"以东大片土地皆是水泽、荒原，还不宜人类居住。环山的土著先民都集聚于周边高山，以刀耕火种、垦荒伐樵为生。

斗转星移，沧海桑田。随着时代的变迁，生产力发展，人类改造自然的能力不断增强，环山先民们逐步迁徙到山下开阔地带造屋聚居、营田耕耘，发展生产、繁衍生息，环山村落随之形成。

环山横坞里青竹湾四五百米的高山上，至今还遗存古老的"周田"，用蛮石砌坎，四四方方、小小的一块块，形制十分考究；旧社会荒年时，环山村民进山"掏乌米"充饥，曾挖出过古时候的陶片、瓦砾。这样的遗迹尽管发现不多，但至少印证了民间流传的"周朝八百年，满山出青烟"的真实性，环山也不例外，有人口聚居。

在漫长的历史长河中，诸多姓氏曾落户环山大村。有的形成望族，兴极一时，但最终湮灭在历史尘埃之中；有的经过几代后逐渐凋零，只剩小户小姓。北宋末，裘姓、叶姓、方姓等相继落户环山村，并形成各氏望族。尤其是裘姓宗族繁衍旺盛，成为全乡第一大姓。如今的环山村，是富春江两岸屈指可数的大姓聚居地之一。

历史上，环山乡经历了多次更名，如惠政、环翠、剡源、庆护等，中华人民共和国成立后，人民政府以当地四面环山的地貌特征，定名环山乡，沿用至今。

村落文化

村落形成时间长了，人们的生活、经历及思想行为就会以意识形态的方式流传下来，这就是村落文化。而时间愈久，文化的积淀就愈深。村落文化是社会文明进步史不可或缺的一个章节，记录了村民们平凡的生活足迹。它更像一杯陈年的酒，醇绵可口，历久弥香！

说起环山村落的文化积淀，没有文献记载，也没有各姓氏宗族谱文可供参考，只能从老一辈人口头相传的些许信息中捕捉一鳞半爪的描述。

自环山大村形成以来，村民安居乐业，日出而作，日落而息。虽然没有现代生活那么丰富多彩，但农民自有农民的娱乐休闲。说得简单一点，平日里有茶店可供消闲叙谈，农闲时有时节可过，虽大众物力维艰，但也有浮生偷闲的"快乐时光"。据村中老人回忆，在春节期间，环山大村的环一、环二、环三、环四四个自然村有各种不同的"戏宝"，集会闹大村有街，用现在的眼光看，这些街也只不过是一条七拐八弯的夹弄。从环四到环三的拐弯处称"直街"，环二与环三两村交界的一段叫"横街"。因当时有限的几爿店铺都集中在那一带，便成了街面。叫得出名堂的店铺，直街上有裘鼎隆（仁寿）京货店、裘祥记（寿祥）杂货店，以及打铁铺、理发店、豆腐店等；横街上有红昌杂货店、玉记杂货店等。在抗日战争时期，富阳县城沦陷，大批商户逃亡到富春江南岸，无意间极大地刺激了农村的商贸活力。其时，场口街有"小上海"之称，而环山街也有"施祥泰""严慕恬"等商号落户，着实闹猛了一阵子。

古时，环山街上晚上还点有"天灯"。那时候，在环山街的每一个转弯处，都立有一根木柱，上面挂一小铁屋，铁屋里放着煤油灯或蜡烛，用于照明。有的地方直接在临街墙体上挖一个一尺见方的洞，放置灯具。尽管夜色阑珊，灯光昏暗，但这一豆闪耀着人性光辉的灯火，却温暖着一代又一代环山村民的心！如今的环山大村，村中道路整洁、绿化，夜幕降临时街灯明亮，畅行无碍。

老人们说，在老底子的环山街上，最惹人注目的还数横街上的茶店。

横街上的茶店，坐落在横街西起第一爿位置。别看这家茶店的店面不大，而且生意不温不火，但那里却是一处令人瞩目的场所，也是说到环山大村村落文化时很值得一提的地方。

茶店，顾名思义，是一个人口集聚的地方，供大家"谈闲白天"的场所，是一个具有独特乡土印记的文化符号。在茶店里，人们可以恣意放言，天文地理、前人掌故、身边百事、家长里短无所不包。一些往来商贾，也经常到此歇脚盘桓、交流信息、灵醒市面。本地上了年纪的老人及家境宽裕的闲人，是茶店的常客。就算是挑脚受雇的苦力，在歇工时也会花几个角子（铜钱），要一壶茶、几两瓜子，"轧淘"（扎堆）参与闲聊，散心养力。在很长时间里，这爿茶店是大家嬉笑怒骂、苦中作乐捱时光的场所。这里，要特别提一位茶店常客——卖鱼的关培公，他虽没有多少文化，但博闻强记，又有深厚的生活积累，不论是谈前朝旧事还是现编笑话，都活灵活现，出口成章。他不仅能说会道，而且也是种田落地的一流高手，往年大畈开种，往往要请他去起手"打直子"的。老一辈的人肯定还记得，关培公卖鱼歇摊后，习惯到茶店"遣老谈"。有他在，人们就围坐静听，一个接一个的经典笑话，总是乐翻在场的人，有的段子还成为人们茶余饭后的"过世传"。说一句题外话：可惜当时没有人用心将这些经典段子记录下来，不然，整理成册后的影响力不在《徐文长的故事》之下，对后世来说也将增添一份珍贵的乡土文化印恋。实在可惜了！尽管关培公经常现编段子针砭时弊、诋毁亲友、戏谑乡党，但他始终以家乡为念，以裘氏巨族为傲。据传，关培公有一次外出帮工，东家在和他闲聊时问他有关环山大村的情况。东家问："环山作为一个大村落，灶头不少吧？"关培公回答："嗯，不少，有千把个灶头。"东家："那有不少人口吧？"关培公："嗯，百把人！"东家一时间丈二和尚摸不着头脑，忙问其故。关培公不紧不慢地说："啊呀，东家，只有那些举人、翰林才叫人，你我平头百姓怎能称得上'人'啊？！"东家这时才懂得了关培公的话中之意，不禁对这位来自"大村党"的"环山佬"刮目相看。

环山横街茶店也曾吸引外来艺人前来说"大书"、唱"文明戏"，场面很热闹。有一次，一位外来艺人在店中说了一部《七星剑》，连续说了五天，反响很大，十分叫座。

后来，茶店的功能不仅仅局限于歇脚闲谈，还演变成村民讲"公事"、评道理、化解邻里纠纷的特殊场所。村民间如遇到解不开的事，有句口头禅"和你到茶店里去评一评"，可见茶店也是坊间坐而论道的不二去处。

　　说完了茶店，该说一说环山的时节了。明末清初，环山（庆护里）上、下两庄合造了一个土地庙——隆国庙，定下农历十月半是祭祀、办庙会的日子。从那一年开始，农历的十月十四到十六，环山村要做三夜社戏，十月半正日夜里则做通宵戏。后来，这个日子演变成环山村乃至全乡的传统节日，延续了300多年。古往今来，面朝黄土背朝天的环山人，在这个秋收过后的农闲时节，借庙会、社戏的余兴，与亲朋好友相聚言欢，喝一杯丰收的美酒，畅谈来年生产计划。有的人家还把老人祝寿、孩子婚嫁酒宴放在这几天办，很聚人气。这正是环山十月半传统节日之所以能跨越几百年而不衰的积极意义之所在。随着改革开放的深入，农村民富物丰，然而由此带来的吃喝风、赌博风一度玷污了传统节日。从21世纪开始，地方党委、政府为引导村民健康过节、文明过节，在传统节日到来时，举办各种民间文体活动，以淡化过节氛围，尤其引导青壮年从餐桌、赌桌移师体育场馆，为推进全民健身活动助力，体现了社会主义新农村良好的精神风貌。

环山十二景诗

[明] 裘如雍（字时和，号云峰）

环山拥翠

融和春色景悠悠，满目浮岚碧欲流。
万木阴重云乍敛，千岩翠滴雨初收。
藤花散绮香来座，山鸟鸣风声过楼。
此景四时抛不得，每令着履恣遨游。

剡浦渔歌

窄窄扁舟系柳河，得鱼沽酒便高歌。
数声山谷鸥群起，一曲沧浪雁阵过。
彭蠡相传吴韵巧，汨罗还尚楚音多。
醉来忘却腔和调，三叠秋风笑碧波。

剑山牧歌

九十其犉三百羊，牧童聚啸坐山岗。
高歌白石轻还重，迭咏秋风短更长。
嘹亮响空谐律吕，悠扬盈耳合宫商。
几疑宁戚村前过，扣角长吟笑楚狂。

双髻凌霄

双峰如髻立层空，万卉千葩锦色浓。
晓日未升先拱翠，夕阳虽没尚留红。
举头顿觉天阶近，蹑足何辞云路重。
俯视下方尘世隔，奋身飞上广寒宫。

西山夕照

西峙山屏下夕阳，残红倒影焕余光。
烟横紫岫林容淡，霞落苍苔树色凉。
寒雁数声投曲浦，昏鸦几点入垂杨。
徐徐海月楼头白，樵牧村前归去忙。

东岭朝曦

扶桑拥出海轮红，光映芙蓉第几重。
曙色渐低青嶂月，晴暄徐透碧岩松。
人间突起鸡声歇，天上河收斗柄融。
自是岚开云气敛，翠华都在照临中。

黄山秋色

金风西起雨生凉，海雁南来燕去忙。
万树霜飞枫叶赤，千岩雷滴菊花黄。
天高月朗林容净，云敛烟霏野色芳。
潇洒更添清意味，芙蓉映水桂枝香。

白石春泉

屋头山削玉嵯峨，生气流行沛泽多。
白璧千寻倾雪浪，丹崖数仞泻银河。
寒声撼耳循溪出，素色凝眸傍树过。
一派遥遥天际去，经纶海内定风波。

清溪钓月

昨夜桃花雨正稠，关溪新涨鳜鱼浮。
垂纶月下泉声急，布毾滩头月色悠。
顾兔窟边蹲钓石，婆娑树里系渔舟。
坐来幸接婵娟面，不得鲸鳌休未休。

大畈耕云

率作与农春日迟，鹁鸠声彻海棠枝。
布禾绿野云千亩，引犊苍苔雨一犁。
胼胝要勤莘野业，伛偻无异历山时。
愿通八蜡成丰稔，拼醉秋风赛土祠。

亭池鱼跃

方塘数亩傍亭开，千仞金鳞几万腮。
云影渊心成队出，天光水面散群来。
凌波跃浪身无碍，鼓鬣扬鬐势莫推。
谁谓龙门消息远，飞腾只听一声雷。

荷沼鸥闲

芙蕖千里递香清，对对凫鸥椓水深。
绿泻露珠濡翠羽，红开花瓣映青翎。
忘机游衍波心润，得意栖迟雨盖阴。
日倚壁筒梯级远，安然无愿学鲲鹏。

千年古杏 鸳鸯双锚

裘申良 / 文

环山大村东南隅，上徐家地界，矗立着两株古银杏树（本地俗称白果树），一雌一雄，一东一西，已逾千年。

"根蟠九重地，盖峙云台间。"旧时，雄株从根基处一分为五，状似五指；雌株唯一主干，孑然独立。雌雄树干都数抱之粗，高达二十余米，十数里外，已可远眺。每年，春之新叶初绽，虬枝染绿；夏之青果初实，繁荫如盖；秋之白果累累，黄叶凝霜；冬之落叶蝶舞，满地金黄。四时变幻，俨为环山地标美景。后因树龄久远，雄株相继枯朽倒伏其三。为安全计，20世纪初，村中将雌雄树体予以截冠。现今，古银杏树虽不复当年参天之伟，但新枝多发，老而弥坚。

据传，千年前，剡溪过青山潭后在村落南端一分为二，一股往西向现今溪道，一股沿狮子山脚往北与候军溪汇合（后淤塞，狮子山脚古河道成为村落的一部分），两股溪水在青官桥西侧重新合流。彼时，环山大村四面环水，状如一叶竹排。而雌雄双杏，恰好屹立于这"竹排"前端，前人就把这两株古银杏树形象地喻为定排的双锚。

千年风雨，世事沧桑！雌雄古银杏树犹如一对乡下老夫妻，相扶相携，相濡以沫。美好的物象总会承载朴素的祈愿！千百年来，环山人已经把雌雄古杏升格为庇佑本地风调雨顺、安居乐业的图腾，悉心呵护至今。

清官与桥

裘星一 / 文

　　富春江南岸，环山村的村北，有一座小小的桥梁，历经三朝，风风雨雨，数度重修，但桥名依旧，清亮铿锵，深意隽永。它的大名便是清官桥。

　　从命名之日算起，它已被环山人叫了三百多年。它的象征意义和审美取向，早已深入环山人的血脉骨髓之中。清官桥成了环山人的脊梁骨，美学上的精神象征。

　　清官桥，诞生于昏暗战乱的明末清初。那时的环山人民和全天下人民一样，渴望社稷太平，社会公平正义。

　　临近八月秋闱，秀才裘秉懿背上包裹，提起雨伞，迈出家门。他的身后是一群送别的亲人、族人。其时，村民们正在为村北候军坞小溪上的一座由村民集资建造的单孔石拱桥铺设桥面。村民们干着活，议论着如何给这座新桥举行一个命名开通的仪式。他们看到有一群人正迎面而来，走在前面的是秀才裘秉懿。当裘秉懿到达桥头，最后一块桥面石板刚刚铺好。于是有人提议，请赴京赶考的秀才第一个走上新桥，作为开通仪式。大家非常赞同，并热情邀请秀才裘秉懿：请你走新桥，金榜题名坐官轿，做官你要做清官，千万不要做贪官。此时的秀才裘秉懿，面对村民期盼而又真诚的目光，回头又望了望亲人和族人，他们则是满脸的荣光和赞许。他努力克制着欣喜和激动，毅然跨上桥面，对着天地，对着父老乡亲发誓：立志做清官，决不辜负父老乡亲的期望。誓毕，大步往北而去。

　　父老乡亲望着秀才裘秉懿渐行渐远的挺拔身影，给这座新桥命下了大名——清官桥。

　　据《富春裘氏家谱》记载：裘秉懿，字尔常、号维人。行经五十四，瑞十五之三子，顺治三年（1646）丙戌科浙江乡试七十九名，授宁波府定海县教谕，升江西建昌府泸溪县知县。

　　裘秉懿在定海县教谕任上，心里始终揣着家乡这座沉甸甸的清官桥，兢兢业业、克己奉公，升任江西建昌府泸溪县知县后，更是一心为民。

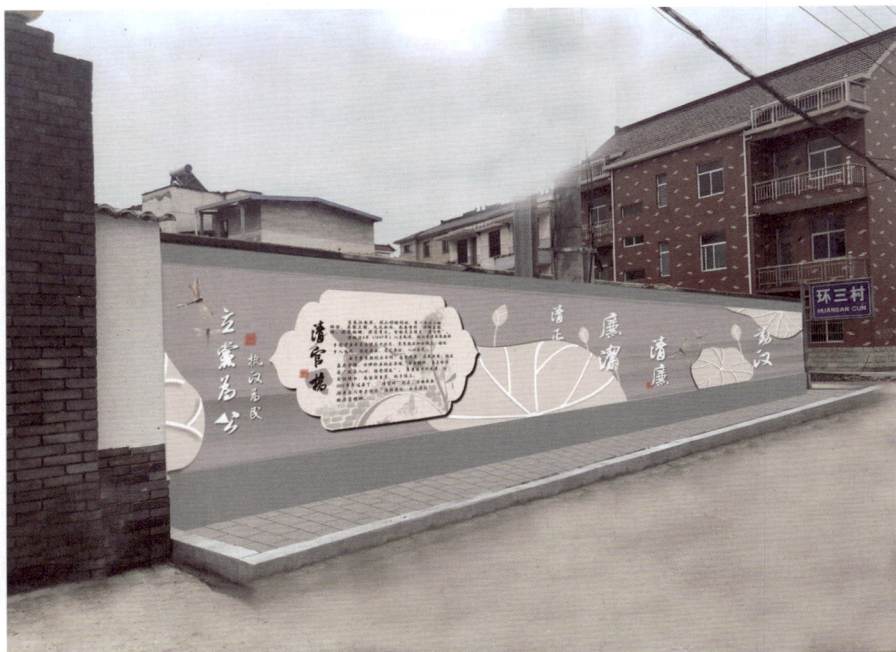

他初到泸溪县，便发现一个奇怪现象：泸溪并无战乱天灾，粮食却年年欠收，还欠下了朝廷的皇粮。深入了解后，方知螃蟹之故。每年稻谷垂穗金黄时，信江中的螃蟹便纷纷爬上两岸，蚕食一畈又一畈的稻谷，而泸溪百姓虽痛惜，却束手无策，唯点烛跪拜，祈求螯下留情，给人余点粮食。原来泸溪人把螃蟹当作了神物，无人敢于触碰。呜呼哀哉！裘知县不禁为泸溪人的愚昧而长叹。于是，他在螃蟹将要上岸之时，在信江边择一高地，让差役搭起高台，备下伙房的一概用具、佐料等，招集乡绅地主在台上坐定。高台之下，是黑压压的农民百姓，谁也搞不清楚裘知县要摆什么谱，纷纷盯着他的一举一动。

裘知县只管盯着江堤，见螃蟹大模大样爬上岸来，便一手提桶一手执铁钳，下台捉起螃蟹来。此举惊呆无数泸溪人，乡绅地主慌忙劝阻，神物不可伤！裘知县却一笑道："我是要吃了它们。"乡绅地主如大难临头，伏地乱拜，絮絮劝阻："天降神物，不可亵，神明震怒遭天谴。"

裘知县不理，从容上台，将一桶螃蟹一锅煮了。蟹熟，香气四溢，他便剥蟹蘸佐料，就着白酒美滋滋地吃起来。乡绅地主吓得脸色铁青，台下有极度迷信虔诚之徒，呼天抢地号哭起来。裘知县大叫一声，举起吃着的半只螃蟹大声说："此物在我家乡富阳，是上等佳肴，物稀价昂，人人以食此物为贵，可你们却不识天物，还让其糟蹋粮食。昧也！尔等若能像我家乡父老一样，此物焉能横行泸溪，糟践粮食？"听了此言，台上台下虽一片寂静，但仍无幡然醒悟者。裘知县转身点烛焚香，拜天，祷曰："天地神明有知，本官捉蟹佐酒，一概罪责皆由本官担之，惩我一人，与泸溪乡绅百姓无涉。"拜毕，裘知县将螃蟹分与众人，并示范如何剥蟹、蘸佐料，自己则快速吃起来，还十分夸张地咂舌品尝："天生美食，美哉，鲜也！"台上有胆大乡绅地主，小心尝之，果然鲜美无比，不由宽了心，舒了眉。裘知县趁机将蟹散于台下百姓品尝，并让所有差役上堤捉螃蟹去。尝了蟹，又安然，众人便活泛起来，又见差役捉蟹顺利，有人便呼将起来："知县老爷都不怕，我们还有什么可怕的？捉呀，吃呀！""老天要惩罚，知县老爷给顶着哪！"瞬间，信江边上捉蟹、煮蟹、吃蟹，形成了一个庞大的宴席，热闹非凡。

从此，泸溪人觉醒了。

此番后，裘知县在泸溪全境张贴动员捉蟹食蟹的布告，并示范几种食蟹的方法。这年，泸溪县解了蟹灾，粮食丰收。建昌府获知后，追缴泸溪百姓历年所欠田赋。裘知县清楚，虽丰收了，但百姓要先还清历年赊借，剩余还不能维持温饱。他屡次上奏建昌府，为百姓恳呈减免历年所欠田赋，或者缓缴，但建昌府不予减免，只准暂且缓缴。此事传开，裘知县被泸溪百姓誉为裘青天。以后每年，建昌府均会追缴泸溪百姓所欠田赋。为了让所有百姓恢复元气再补缴，裘知县顶着压力，屡屡奏请，并拿自己的顶戴做担保。又一年秋收，建昌府再次追缴，并直接张贴了布告：抗缴田赋，捉拿问罪。还追究裘知县责任，说其为一己青天名声，庇护刁民抗赋。裘知县真心为民，却被上司歪曲，不由悲凉，又不忍百姓遭罪，告假回到环山家乡，卖掉自己名下祖传的三百亩良田，替泸溪百姓中特别贫苦者，补缴了所欠的历年田赋。

这次回乡，他在清官桥上来回走了几趟，本想亲笔给它提上清官桥的桥名,但随后又打消了这个一时冲动的念头。他深知,名不在形,而在心,在社稷。自此,裘青天的名声更响更大,超出了建昌府的五县范围。三年的知县任期满后,裘秉懿按例要调任别处,但泸溪县百姓联名呈文挽留。第二次任期届满,泸溪县百姓又联名呈文挽留。这一留就连任了三届九年。裘知县更加地重视为民谋利,却忽视了他与官场、士绅两个利益群体的关系,各种忌惮和嫉妒接踵而来。从裘知县的性格、人生价值的取向来看,他是属于那种刚烈耿直、内向而又孤傲的士大夫,重名轻利,宁可杀身成仁,是儒家思想的忠实践行者。他越来越远离清初时期的混浊官场。对百姓,他的姿态低到尘埃里;对上司同僚,对当地的士绅,他既害怕又不屑。直至被人诬告收买民心、结党谋反时,裘知县还没意识到自己已走上了一条绝路。当钦差出现在他面前,要抓他进京时,他几乎疯了一般地狂啸。如此爱民清廉,却落得这般下场!他无法忍受自己戴着枷锁,被解差押着,出现在爱他的百姓们面前;他更加不敢想象,自己将如何回去面对清官桥,面对父老乡亲。于是,裘知县提笔颤抖着写下了他人生中最后的一道奏文,发出了对黑暗官场的绝望控诉。然后,为不牵连妻小、家乡宗族和爱他的泸溪百姓,他吞下盐卤自尽了。

　　三百多年过去了,泸溪县可能不会再有人记得知县裘秉懿,他的坟茔也许早就复为土丘、平地,但他走过、发过誓言的清官桥仍然在,它还将永远在。

环山刘显庙的故事

裘申良 / 文

环山大村东面，连绵群山中有一条长十余里的山坞，叫作候军坞。候军坞深处，有一座刘显庙，庙里供奉着被当地人称作"财神菩萨"的刘显。传说刘显庙的由来和明朝开国皇帝朱元璋有关。

元朝末年，社会动荡，各地反元农民起义军纷纷揭竿而起，神州大地一时间烽烟滚滚。其中，反元义军之一的朱元璋以集庆为根据地，不断向外扩张。有一年，朱元璋率部从浙东转战萧绍平原，并欲渡富春江后进军安徽徽州。在现今大源一带被元军截击，战斗异常惨烈，一时间难以突围。朱元璋令军中钱粮官刘显（刘伯温的族弟）携饷银，率几名勇士先行突围，临别时和刘显约定从大源双溪翻越圣岭，在环山大山"直踏步"古道尽头东侧山湾里，等待后续突围的义军。战斗中，几名勇士为保护刘显和军饷，相继战死，仅剩身负重伤的刘显一人突出重围。刘显背着饷银，踉踉跄跄翻越圣岭，藏身在"直踏步"古道下东侧山湾中的一块巨石后，等候义军到来。朱元璋率领义军，与元军殊死相搏，且战且退。因元军追兵紧咬其后，朱元璋率部在仓促间走了另一条荒山野径，最终在枫树湾进入了环山地界，与刘显等候的地方隔了好几个山湾，无法与刘显会合。后来义军一路急行军，择机渡过富春江，向徽州进发。

再说身负重伤的刘显，还躲在山坞深处的巨石后，苦苦等待突围后的义军前来会合。一天又一天，身负重伤，行军干粮又耗尽了的刘显在艰难的等待中凄然离世。死后，他还紧紧抱着一大袋子饷银。几天后，刘显的遗体被搜山的元兵发现。元兵取走了饷银，喝令几个进山的樵夫就地草草掩埋了刘显的尸身。

朱元璋在南京称帝后，派出好几路人马到富春环山、大源一带寻访刘显的下落。其中一路寻访到了当年那几个樵夫，才知道刘显为了护军饷、候义军而早就牺牲在了"直踏步"古道东侧的山湾里。领头官员立马昼夜兼程地赶回南京禀报。朱元璋闻报潸然泪下，感叹道："刘显身怀巨额饷银，可以说是我军中的财神菩萨呀！竟然饿死，如此恪尽职守，实在难得！"遂下旨将刘显骸骨归葬故里，在他饿死的地方修建刘显庙以四时享祀，并将环山这条十里长坞更名为候军坞。

因朱元璋"金口"把刘显比作了财神菩萨，古代又有皇帝封神的说法，所以当地人一直将刘显当作财神菩萨供奉，刘显庙也一直香火旺盛。后来，刘显庙"财神菩萨荫外客"和"六十支卦签非常灵验"的说法不胫而走，更是引得四邻八乡的善男信女前来刘显庙进香、求签。

20世纪30年代末，曾被著名诗人柳亚子誉为"富春江上神仙侣"的郁达夫和王映霞夫妇，因小人觊觎而情感破裂。时值抗战爆发，郁达夫心怀国仇家恨，到处奔走呼吁，倡导全民抗战。然闺阁受污，令书生意气的郁达夫诉说无门，苦闷不堪。郁达夫将赴南洋前夕，乘暇专程赴环山刘显庙求签。据郁达夫《毁家诗纪》记载，刘显庙签诗云："寒风阵阵雨潇潇，千里行人去路遥。不是有家归未得，鸠雀已占凤凰巢。"自此，郁达夫心灰意冷，不久就与王映霞解除了婚约。

中华人民共和国成立后，刘显庙塑像曾被捣毁，随后断了香火，庙宇日渐破败。1989年，环二村裘柏荣、胡珠凤、鲍洪申，环一村裘富良，环四村裘永木、田莲珍等村民商议重建候军坞刘显庙，并发动环山乡的善男信女一起参与。1991年，刘显庙终于在原址上建造落成。

进入21世纪后，随着国家落实宗教信仰自由的政策，以及社会经济发展，环山善男信女的捐资日渐可观，刘显庙又经历了多次扩建，新增观音殿、僧舍等场所。候军坞刘显庙从最初的单体殿扩展为一处宗教建筑群，成为环山乡一处重要的宗教文化活动场所。

"茶盐古道"与1926年的"营阵"

裘星一／文

环山乡坐落在仙霞山脉的余脉之中，在村东狮子山边，有一条茶盐古道。此路宽约五米，北通芳泉、柏树下至中埠富春江，南连龙门、上官石板岭至诸暨、金华。它是古代商贩挑夫的重要运输通道，海边的食盐经此道被挑往山里，上官、龙门的茶叶、毛纸（坑边纸）也从这里被挑往柏树下上船外销杭州、上海。这条茶盐古道在环山村这段约有一公里，全是大块鹅卵石铺就，平整光洁，环山人俗称这段路为后山弄。

这条后山弄茶盐古道，曾发生过一件震惊浙江的大规模械斗，环山和龙门人称之为打"营阵"。

何谓"营阵"？《史记·李将军列传》《汉晋春秋》《明史·兵志四》等史书有载，意即军队的结营布阵。

"营阵"发生在1926年，即民国十五年。环山人在后山弄茶盐古道上晾晒稻草，稻草杂乱蓬松，深陷及膝。龙门挑夫们将毛纸挑往柏树下埠头去装船，他们挑着沉重的担子，在稻草丛里挣扎前行，把晾晒齐整的稻草，弄得四散，还掉入水沟池塘。环山人责骂龙门挑夫，龙门挑夫早已被稻草纠缠得火冒三丈，于是回击道："侬（你）个环山人，稻草晒得山一样高，活侬（我）的毛纸奈格（怎么）挑过去？"环山人便回击："这是凿怀（我们）的路，想纳格（怎么）晒就纳格晒。给侬（你）走了，还煞格（这样）话多！"龙门挑夫掼了担子，脖子一梗，逼近环山人，而环山人也捏紧拳头，迎上一步。环山人和龙门人，都是耿直彪悍之人，一言不合，便用拳头解决问题。个别的打斗，时常发生在茶盐古道上，日积月累，怨恨在两个村中不断地蔓延。

时节入夏，毒日炙烤，剡溪早已断流，庄稼日渐枯死，环山人抬出了兜水龙前往上官深里的大山寺祈雨，果然雨下，庄稼得救。农历八月初十，被雨水滋润过后的环山人，精心组织送佛队伍，将"大水菩萨"送回了上官深里的大山寺。返回途经龙门，有妇女和孩子争抢兜水龙上装饰着的"杨梅球"，更有人讥讽挖苦，引起环山人反击，遂后群殴，龙门人越打越多，环山人败逃。

环山人在龙门人必经的后山弄茶盐古道上砌起一堵墙，断了出路的龙门人向富阳县国民政府告状，县长何昂派人调查。有知情者星夜报知环山人，于是环山人连夜拆了墙，调查过后又砌墙。龙门人见告状不成，开祠堂商议决定向环山人下战书，约定于八月二十一日上午，在两个乡的中心地带石塔山决战。但环山人接了战书不当一回事，而龙门人却疯狂备战。赶制抬枪土炮、大刀梭镖、旗帜标识；通知和请援外县孙氏族人及附近村庄外姓人员来参与战斗；凡十六岁以上的孙氏男丁必须参战。具有实战经验的诸暨县巡官孙大兵带着族人来参战，并担任了龙门战队的总指挥。

八月二十一日凌晨，龙门族兵分三路杀进环山村，环山人仓皇应战。不敌，四散逃逸。从正面冲入的龙门族兵直奔裘氏白虎厅，点火烧厅，接着又找到几个平时让龙门人吃足苦头的人家，点火烧屋；从右路翻蒋坞岭，越横坞里，偷袭环山人后路的龙门族兵，乱刀砍死了三学寺的一个和尚，再放火烧了大财主方春山十间四厢的新宅；从左路跨胡岭出场口入双林，抄环山人右腰的龙门族兵，杀入环山街上，抢掠了商家店铺。龙门人凯旋而归。

被打蒙了的环山人陆续回来后，环山裘氏宗亲立即开祠堂门，召集祠堂绅董商议对策，决定卖掉五十亩族中公田作为备战经费，并派人去请萧山裘家坞族亲乡绅裘锡章，出面邀请其干儿子——握有兵权的浙江省省长夏超出兵援助。其时，方春山也通过浙江省商会会长夏之文的关系，疏通了省长夏超。夏超派出一营兵力，于九月初二在龙门、环山"平暴"。龙门人族兵抵抗，被击毙五人，自己的土炮爆炸，炸死一人，被俘三十四人。被俘者交于县长何昂处置。九月初七，何昂从三十四人中拘出三人，押回龙门，斩首示众。龙门人隆重地将九名死者合葬在大桥畈的大路旁，铭为九烈士墓，碑书：阖里同悲。随后，悲愤交加的龙门人，四处奔走喊冤。《民国日报》主编孙增大在本报发表《龙环械斗真相》，法官孙端元等联名写《哀告书》，在全省散发，告状，为乡亲叫屈。

国民革命军攻打南昌期间，浙江省长夏超向全国宣布独立，但不幸被孙传芳所捕杀害，浙江又落到孙传芳手中。省长易人，遂下文将富阳县内关押的三十一名龙门人全部释放，并查处县长何昂处置不当之责。何昂逃离富阳。自此，环山、龙门的"营阵"暂时平息下来。

"龙门十八张案桌，抵不过环山一张账桌。"龙门人用这样的精辟之句，总结了"营阵"失败的根本原因。十八张案桌指龙门十八个官员，一张账桌指环山大财主方春山。

"营阵"后，环山与龙门已经绝交，所有的亲戚都不再往来，更无新生的联姻关系。最让龙门人痛苦的是出路问题，茶盐古道根本不敢走，只能翻山越岭另寻出路。环山人也损失巨大，裘氏祠堂失去了五十亩良田；白虎厅成了一片焦土；被烧了房的人家只能寄居祠堂；方春山一蹶不振，从此走向下坡。龙门人苦苦翻了十多年的山岭，直到抗日战争时，两村的姻亲才开始试探性地互相走动。有了往来后，他们才敢重新跨上后山弄的茶盐古道。

怀揣着痛苦的"营阵"记忆，两村人迎来了中华人民共和国的成立。人民政府为了进一步化解两村的矛盾，于1956年将龙门环山撤并为一乡，命名"友谊乡"；成立供销合作社时，将名称取作"龙门供销合作社"，而将社址特意设在环山，寓意你中有我，我中有你。经政府和民间有识之士的种种努力，两村终于化干戈为玉帛。

从此，龙门、环山两乡人民彼此谦让，和睦相处，共同发展。四邻八乡也开始习惯于把"龙门环山"连在一起称谓。

环山昔日的厅堂

裘尧松 / 文

  环山所在的剡溪流域濒临富春江，土地肥沃，水路交通十分便捷，适宜人类居住。早在秦汉时期，环山域内已有村落分布，如已知的千家村、朱麻车、上徐家、下徐家、坊前、诸佳坞等村。据传，环山大村早期居住的是徐、金等姓氏，再后来是裘、叶、方、郑等姓氏相继迁徙于此。到目前为止，环山裘氏约占全乡人口二分之一。另外，方氏、叶氏、郑氏、孙氏等族众在环山大村也形成一定的规模。

  人口的迅速繁衍，使建造房屋成为迫切之事。据传说，环山先民最早居住的房屋是荆笆泥墙茅草顶。随着生产力的发展，居住环境不断变化，建筑质量不断提高。到明清时期，民居建筑达到鼎盛，呈现出"粉墙黛瓦马头墙，镂空牛腿浮雕廊；阴刻雀替龙须梁，风景人物雕满堂"的景象。由于历史的变迁，时代的动荡，加之自然损毁，祖先们曾经的生存空间不再完整，传统建筑的遗存越来越少，甚至面临绝迹的严峻局面。

  为使晚辈们能知晓环山大村建筑文化的历史，从文字档案里找到昔日厅堂雄伟华美的景象，趁 2018 年小城镇环境综合整治之机，文化挖掘小组对环山大村的厅堂做了一次深入的调查，较全面地统计出环山大村历史上曾经有五十余座厅堂。除裘、叶、方、郑各姓宗祠外，其余规模较大的厅堂裘姓有：清盛里、同茂里、鼎盛里、茂盛里、白虎厅、忠贞堂、盛德堂、育德堂、生珠堂、大堂前、方厅、杨婆弄厅、火烧屋基厅、诒毅堂、诚一堂、光济堂、中观堂、阿成台厅、尚同堂、坤荣堂、思恭厅、爱敬堂、新屋厅等。叶姓厅堂有：老乡政府、经堂里、叶家厅等。方家厅堂除方春山两个厅堂外，还有守经堂、方家厅等。

  以上这些厅堂绝大部分不复存在，仅存的也已因长年失修而摇摇欲坠。保留较好的还有五个厅堂：生珠堂、春山堂、诒毅堂、大堂前、育德堂。其中育德堂建于清朝末年，现保存良好。育德堂坐北朝南，布局规整，左右对称，整体平面呈长方形，面积约有八百平方米，前厅五间二厢一台门，后面两井两厅四厢房，外面墙体四周高于栋梁，设风火墙，整个屋面檐水落于天井之内，喻聚财之意。室内梁坊、牛腿，雕刻技艺精湛，人物花草栩栩如生，白色墙面上山水图案妙笔生辉，后井照墙中央黑色"福"字圆润、大气，正厅中堂悬挂白底黑字"育德堂"匾额。

环山集镇现存古建筑简介

裘氏宗祠 裘一琳 / 文

富春环山裘氏宗祠坐落于富阳区环山乡政府所在地环二村，堂号为"孝义堂"。

富春环山裘氏于北宋末年迁居至会稽云门，至今已历千年。千百年间，裘氏在环山繁衍生息，成为富春江南岸屈指可数的煌煌巨族之一，裘姓人口占全乡总人口的二分之一。据裘氏家谱记载，富春环山裘氏宗祠由环山裘氏十三始祖裘毓倾其所有财资，召集族人始建于明朝正统年间；后经族中数代先贤扩建续造，到1943年已达到三井四厅七开间的宏大规模，是一座结构完整、功能齐全的祠堂综合体，建筑面积约1680平方米，堪称"三江流域第一祠"。然而，因1943年的一场大火，裘氏宗祠被毁于一旦。

2011年2月，裘氏族人中的一批企业家率先慷慨解囊，带动族中众多有识之士自觉参与，竞相捐助。2013年新春元宵佳节，环山裘氏族人终于梦圆一朝，占地1738平方米、总造价1250万元，气势恢宏、结构严谨、层次丰富、装饰精美的仿古建筑——富春环山裘氏宗祠矗立在了美丽的富春江畔。

叶氏宗祠　裘申良／文

富春环山叶氏宗祠，坐落于环山乡环一村，堂号"清远"，取"清慎自恃，源远流长"之意。

叶氏宗祠始建于明嘉靖年间，坐北朝南，五开间，三进两厢房两天井一隐堂，占地面积1082平方米。宗祠正门为八字墙门，圆石抱鼓，左右各设一月洞形边门。进正门即可见一巨大屏风，刻有环山叶氏始迁祖叶李生平事迹。前厅、中进、正厅间有天井相隔，且地基依次抬升，形成前低后高格局。宗祠建筑为明代江南建筑的传统风格，气势恢弘而又古朴精美。横梁、廊柱牛腿皆有雕刻，雕工精细、栩栩如生。自20世纪40年代起至80年代末，叶氏宗祠一直作为地方办学场所，为当地教育事业发展做贡献；后闲置，逐渐破败。2005年，环山叶氏一族集资进行宗祠重修，叶氏宗祠遂重焕新彩。

方氏宗祠 裘申良／文

富春环山方氏宗祠，坐落于环山乡环一村，堂号"积庆"，寓"德门积庆"之意。

方氏宗祠始建于1906年。坐北朝南，五开间，三进两天井，中进设有戏台，占地面积1108平方米。宗祠正门为高墙门，左右各设一边门，方方正正、中规中矩。祠前置大小两对石狮子，更显威严大方。进正门即可见一巨大屏风，刻有方氏祖训。前厅、中进、正厅间有天井相隔。宗祠建筑为明清时期江南建筑的传统风格，气势雄伟、古朴精美。横梁、廊柱牛腿皆有雕刻，造型有象鼻、八仙等，雕工精细、栩栩如生。中华人民共和国成立后，方氏宗祠曾先后用作国营粮库、地方小学、村办企业厂房。21世纪初，方氏宗祠闲置，日渐破败。2008年，环山方氏一族集资进行宗祠修葺，方氏宗祠得以原貌重现且新添溢彩。

郑氏宗祠　　裘尧松／文

　　环山郑氏自荣六公于明万历年间（约1608），由兰溪迁徙富春环山，其子华四、华五隔剡溪而居，两处各十余户，裔孙逾百人。民国辛酉年（1921），华四公后裔置地狮山之麓，捐为通族祠基，聚两处族人之力，择吉日动工兴建，始于辛酉之秋，落成于癸亥之冬（1923）。堂屋五间，中设隐堂，置先祖牌位，每年春秋两季举行祭祀活动。两边间置格栅分上下两层，东西两墙开龙虎门，南面建有围墙余留空地约500平方米，待后裔建造前厅两厢之用。

养生堂　裘尧松／文

　　养生堂位于环翠街与剡庆北路南端交汇处，由臧永财建于民国初年，坐东朝西，三间二厢三合院，占地面积 350 平方米，砖、石、木混合结构，两坡硬山顶楼房，东面墙外建有抱屋与主宅连为一体。大门上方刻有"紫气东来"四字匾额，匾额上方绘有花鸟图案。养生堂古宅建成之日，也是养生堂诊所开门营业之时。

　　1945 年，新四军浙东纵队政委谭启龙，率部队在环山大村进行短暂休整。谭启龙站在养生堂门前石墩上，向环山村民做抗日动员讲话，时夜，谭启龙政委和支队领导就宿于养生堂内。

育德堂 裘尧松／文

　　育德堂位于刹庆南路北端，由裘广品兴建于清朝末年，占地面积约420平方米。育德堂坐北朝南，布局规整，左右对称，整体平面呈正方形，砖、石、木混合结构建筑。育德堂分前后两厅两井四厢房，俗称十间四厢堂楼，前厅明间开大门，正厅前东西两侧开龙虎门。外墙四周高于栋梁，设风火墙，整个屋面檐水落于天井之内，喻聚财之意。室内柱粗梁肥，梁坊、牛腿、门窗雕刻技艺精湛，人物花鸟栩栩如生。北面白色照墙上山水图案妙笔生辉，照墙中央黑色"福"字圆润、大气，正厅中堂悬挂白底黑字"育德堂"匾额。

生珠堂 裘尧松 / 文

生珠堂建于清同治七年（1868），至今已有150余年历史。生珠堂位于环翠街中段，坐北朝南，占地面积约500平方米，砖、木、石混合结构，建有双坡硬山顶屏风马头墙。西侧为抱屋，东侧为二进主建筑，整座建筑呈品字形。主建筑五间二进、四合式楼房，用料考究，高敞气派。一进五柱七檩，二进五柱九檩，明间设有后堂，东西两侧开龙虎门；天井两侧厢楼，装饰华丽，四周梁坊、斗拱、牛腿雕刻十分精细。依托主建筑西墙建有五间二厢三合式抱屋楼，抱屋坐西朝东北边开门，用料装饰亦很考究，为环山集镇典型的清晚期古建筑。

农耕人家　裘尧松 / 文

　　农耕人家（积庆堂）由裘志林兴建于清朝末年，坐北朝南，主楼与抱屋占地面积约 350 平方米。主楼五间二厢三合院，正屋五柱九檩，明间设后堂，两侧厢间三柱九檩，正屋与厢房间设东西串廊，东西墙开龙虎门，两厢之间有天井，照墙中间书写白底黑体"福"字，照墙上面绘有彩色图案。主楼西侧南、西、北三面建有廊屋，农耕用具一应俱全、整齐存放于廊屋之内，进出大门开在廊屋南墙上。该家族世代有务农之人，家风淳朴，勤劳致富，自食其力，是典型的农耕之家。

书香门第　　裘尧松／文

书香门第古宅位于前门街北端与刹庆南路交汇处，由裘祥申建于清咸丰年间，占地面积约180平方米。门第坐北朝南，三间二厢，大门开在东厢房，三间主屋五柱九檩，厢房二柱五檩，室内檐柱上牛腿为狮子与梅花鹿，造型别致，透雕艺术精湛，梁坊雕花斗拱颇为精致华丽。

古宅虽小而简，但该家族人丁兴旺、子孙贤能，历来有尊儒重教、耕读传家的良好家风，近百年来先后走出去教师10人、医生2人、校级以上军官3人，真可谓"书香门第"。

清廉正直叶右丞

裘申良 / 文

叶李（1242—1292），字太白，一字舜玉，号亦愚，富春环山人（环山叶氏始迁祖）。元至元年间官至尚书右丞、平章政事。

叶李出身于官宦世家，原居钱塘。自幼天资不凡，性耿直，20岁入杭州太学读书。宋景定五年（1264），叶李联合了同窗好友康棣、朱清等83人，上书宋度宗"斩贾似道以安众心"，控诉奸相贾似道卖国求荣。结果叶李被判以"不轨之罪"银铛入狱，判了黥刑，流放福建漳州12年。后贾似道东窗事发，被罢免官职，叶李才得以赦免回家。宋亡，叶李于1276年举家迁居富春环山。

元至元十四年（1277），元世祖忽必烈下诏求访江南遗逸贤人，地方官推荐了叶李，朝廷授叶李为奉训大夫、浙西道儒学提举。叶李拒不出仕近十年，甚至准备逃亡。直至丞相安童给他写信劝说，并且表示归隐或出仕由他自愿，叶李方才安心。至元二十三年（1286），忽必烈派程文海再次到江南求贤，临行前对他说此次必须把叶李请出来，叶李终于应诏入京，出仕元朝，参与朝政。其间，叶李建议恢复各道儒司、培养人才、免除儒户徭役等政策，都被朝廷采纳；出谋策划帮助平定乃颜叛乱，令忽必烈赞叹。至元二十四年（1287）元世祖拜叶李为御史中丞，兼参议中书省事。出仕一年就担任要职，足见忽必烈对他的器重，然叶李婉言谢绝升迁。后尚书省建立，叶李被任命为尚书左丞，奏请建立太学，完善科举制度，制定至元钞法，统一货币，还劝阻了忽必烈把南宋宗室强迁北方。至元二十五年（1288）叶李升尚书右丞、平章政事。1292年，叶李因病告退还乡，在南归途中病殁于山东临清县，墓葬于富阳高桥石牌湾。

叶李为人清廉正直，临终让子孙把所有皇帝的赏赐都上缴国家。后元帝追封叶李为资德大夫、南阳郡公，谥号文简，并为其专铸"南阳郡宝"封号钱。在理学当道的明清时期，却因清乾隆皇帝的一句评论，数百年间叶李受到了极为不公的评价。但所有不公评价，都掩盖不了叶李是一位杰出人才，并具有清廉正直的高尚品格这一事实。

两袖清风叶御史

叶学成 / 文

　　叶稠（1432—1508），字端木，号古柏，汉族，环山环一村人。明成化年间著名地方监察官员。

　　叶稠系富春环山叶氏始迁祖叶李第六世孙。据环山叶氏宗谱记载，叶稠少小聪颖耿直，20余岁即文武双全。明景泰四年（1453）中举人，成化二年（1466）中进士。先任四川道监察史，因整肃吏治成绩显著，不久调任广东道监察御史。在办理刑狱案件时清弊立规、刚明兼慎。成化五年（1469）诏授文林郎，后又调任江西按察司佥事。叶稠在任上锄强抑暴，匡正扶弱，不畏权贵，多次奏章弹劾不守法纪、欺压乡民的有权官宦，一时民心大快。相传当地民间艺人曾自编《双玉印》一戏，以颂其功德。

　　叶稠为官刚正、两袖清风，至任官结束，无财产和积蓄，离任归乡时仅行李一挑，绝无财物。有评论者说："叶稠为官清风俭德，真不愧是叶李的后代。"成化二十年（1484）明宪宗为旌表其"勤政廉洁、秉公执法"的品行，赐"豸史第"金匾一块，又命建"绣衣坊"牌坊一座。叶稠归居乡里后，于1508年辞世，享年77岁，墓葬于环山候军坞笃木垅。

方氏叔侄双武举

裘申良 / 文

富春环山方氏，自明朝中叶从桐庐石阜迁至环山定居，经数百年发展，家繁业茂、人才辈出。清光绪年间，环山环一村人方明豪、方洪耀（具体生卒年月失考）叔侄两人先后得中武举，成为一时美谈。

据《光绪富阳县志》卷四《选举表》记载，方明豪中光绪二年丙子(1876)浙江乡试武举二十八名，方洪耀于光绪十四年（1888）得中浙江乡试武举人。据历史记载：清朝统治者出身于游牧民族，善于骑射，因此对武举的重视程度超过历朝历代。清代武举考试大致分成四个等级——第一，童试：在县、府进行，考中者为武秀才。第二，乡试：在省城进行，考中者为武举人。第三，会试：在京城进行，考中者为武进士。第四，殿试：会试后已取得武进士资格者，再通过殿试（也称廷试）分出武状元、武榜眼、武探花等次。

查文史记载或据口传，环山乡民，无尚武之风。然方明豪自幼气力惊人，喜舞刀弄棒。稍长，遍访周边乡里善武者，拜师学艺，勤学苦练，终获全省武举考试第二十八名，实属难得。方洪耀深受叔父影响，在叔父悉心指点和勤奋苦练下，亦于光绪十四年得中浙江武举。叔侄先后得中武举，一时传遍春江两岸。至中华人民共和国成立后，方洪耀后人还保存其叔侄二人兵器若干，其中有重80斤和120斤的大刀各一把，后被毁于大炼钢铁运动。

因清末武举乡试只是作为朝廷武备人才备选之用，不直接授予实职，且叔侄二人皆淡泊名利，不屑步入昏暗官场，所以方明豪、方洪耀叔侄得中武举后仍隐居乡里，闲云野鹤至终老。

义声载道

裘星一 / 文

　　裘生珠出生于清道光年间（约 1825），按照环山裘氏宗族中的辈分排列，属敏字行，世居于环山大村的横街上。

　　裘生珠家境富裕，又承祖辈孝义，为人仁厚，乐善好施。早年的环山候军坞心欲亭，便是他家祖上建造。到了裘生珠这辈时，修桥铺路，舍饭施粥，更是常事。这些常事已湮灭在 150 多年的历史长河之中，但有一件义举，却穿透历史的雾霭，呈现在裘氏后裔面前——那便是民国大总统徐世昌亲笔为其题褒木质匾额"义声载道"的事迹。

　　这件义举发生在清同治元年，即 1862 年，而民国大总统徐世昌的题褒又发生在民国八年，即 1919 年，时差竟有 57 年。这迟来的褒奖，正好反映出了裘生珠所处的是个腐朽而又战乱的时代。清朝从道光皇帝开始走上了丧权辱国之路，到了同治皇帝时已是不可收拾，太平天国起义席卷了大半个中国，"康王"汪海洋率部占领了富阳城。清朝政府四处救火，无心顾及民间孝义之举，就连带着湘军收复了富阳城的左宗棠也充耳不闻，致使裘生珠的这件义举，仅仅流于口口相传，传至现代，竟然有了两个版本的说法，好在题褒的匾额还在，历史仍有物证。

　　一说清咸丰末年，江南普降大雪，厚达两尺，乡人饥寒交迫。裘生珠见此惨状，开仓赈灾，出谷七百担，济乡亲渡过难关。

　　另一说洪秀全起义，声势浩大。当地地保告知村中财主裘生珠："洪秀全起义，可能会波及村中，你可将家藏七百担谷散济百姓，以乞平安。"裘生珠就在环山裘氏宗祠散粮三日。

　　这两说涉及裘生珠赈灾义举的态度，是主动还是被动。时过 150 余年，物是人非，已无从考证其主动性和被动性。但散粮济民的义举却是千真万确，流芳至今。

　　在这两说中均涉及一人，此人姓洪，名文澜。北洋政府时期的民国大法官，东图洪春村人，裘生珠的孙女婿。洪文澜回乡探亲，一次闲聊中获知了岳祖父 57 年前的义举，回京后禀报了民国新任大总统徐世昌。

大总统就题"义声载道"四字褒赞。对于身处荒诞乱世中的裘生珠来说，这既是一种追认，又是一种告慰。

　　"义声载道"四字褒赞被制成二匾，一匾悬于裘生珠宅内，一匾悬于裘氏宗祠。

菩萨心肠的阿贞姑娘

裘一琳 / 文

阿贞姑娘，环一村人，姓方名贞吾，乳名阿贞，人们习惯叫她阿贞姑娘。阿贞姑娘生卒年不详（约1870—1930）。其父方明豪是清末武举人。阿贞姑娘是独生女，从小聪明伶俐，知书识礼，到十五六岁，出落得明眸皓齿、笑靥如花。她为人老成、贤淑，平时不苟言笑，做事认真踏实，一般青年男子不敢上门说亲。

其时，环山村有一裘氏大户，定居杭州城，在城内有18套门市房，财力颇雄。裘家看中了门当户对的阿贞姑娘，并将其聘为儿媳。谁知未婚夫身患怪疾，长时卧床。就在阿贞姑娘嫁进裘家的那一天，未婚夫病情加重，撒手人寰了。

按照封建礼教，阿贞姑娘就得为夫君守寡，成为旧礼教的牺牲品。阿贞姑娘虽自身命运多舛，但她心系乡民，凭借夫家的财力，为环山百姓做下了许许多多泽被后世的好事！

旧社会，环山人民生活在水深火热之中，许多的学龄孩童因家贫无法读书。阿贞姑娘在回乡省亲时看到了这个残酷现实，便让村里的族叔们落实场地，自己到杭州募集资金，回乡创办义学。她或变卖家产，或募集捐款，在义学聘请老师，置办课簿，让穷苦孩子开蒙识字，还亲自担任教员，直到义学被公办学校接收为止。在5年多的时间里，创办义学共花费银圆近2000块。阿贞姑娘不仅让穷人的孩子有书读，还在生活上接济他们，不时送一些旧衣服和衣料给贫穷家庭，让孩子体面地接受教育。

环山村依傍剡溪而建，每当山洪暴发，村庄、人口饱受洪水肆虐，村民苦不堪言。阿贞姑娘看在眼里，急在心头。一天，阿贞姑娘回乡召集族叔辈和当地乡绅商议，决定出资兴建拦溪横埠，治服水患，造福村民。她的义举得到村民的广泛响应。不久，她带回了大量的资金，地方乡绅和富农也纷纷自觉捐款。几个月后，一条长约1公里、高近4米、宽达8米的横埠一气呵成，将环山村严严实实地呵护了起来。其间，她还出资

在现环联村建起了跨溪的"利行桥",便于村民生产和生活。人们无不感激阿贞姑娘的善行义举,把阿贞姑娘颂扬成下凡安民的活菩萨。此外,她还出资修筑了"乌珠沃"引水渠,使环山最大的产粮区——大塘畈几千亩良田得以旱涝保收。

阿贞姑娘为了方便村民生产,还捐资在各个田畈中兴建了几座凉亭,其中规模最大的一座是茶庵凉亭(现环山中学所在地)。凉亭上方建有钟楼,挂一口500斤大铁钟。每天早、中、晚三次敲钟,钟声悠扬,方圆十里都听得到,成为村民出工、午歇、收工的报时器。

阿贞姑娘特请村里老秀才叶仰之,在凉亭的石柱上撰写了一幅饶有生趣的对联:"夏水冬汤,口渴时胜于甘露;南来北往,先坐者便是主人。"因着这浓郁的地方人文气息,"茶庵晓钟"曾为"环山十景"之一。阿贞姑娘还让人在凉亭里常年供应茶水,又在柱子上挂几十双大大小小的草鞋,供人们选换。这一传统在阿贞姑娘离世后还延续多年,为周边村镇群众所熟知,传为美谈。

晚年的阿贞姑娘静心礼佛,最终圆寂于杭州鼓楼前的武圣宫。

阿贞姑娘在环山的善行义举数不胜数,件件惠及民生,造福乡梓,以至于为世世代代的乡民所传诵,流芳百世!

2018年底,环山乡人民政府在小城镇环境综合整治过程中,于环联村原"利行桥"畔建造了"义善亭",以纪念阿贞姑娘的善利义举。

"传奇账桌"方春山

裘申富 / 文

环一村方春山，出生于 1887 年，卒于 1937 年，享年 51 岁。

方春山成年于民国初年之乱世，由于兄弟间有几个不经家业，虽然祖上遗传了较为殷实的家产，方家亦渐渐沦为空壳。方春山自幼聪慧有志，致力于家道中兴，到 18 岁时就向父母求资外出经商。他凭着自小养成的勤奋刻苦、吃苦耐劳的品质，先从小本经营起步，贩运环山本地出产的毛纸（坑边纸）到富阳、杭州一带出售。经过几年的努力，逐渐积累了资本，他再接再厉，不断扩大生意，后竟到杭州创办商行，并冒险独闯太湖，将货品贸易通达苏州、镇江等地市场。到而立之年，方春山已成为浙江省商会理事、杭州商界的"大腕"。作为环山著名的乡绅，远近的村镇民众一说起方春山，都会竖起大拇指称赞不已，并赞誉他是环山村的"一张大账桌"。

1924 年初，38 岁的方春山在环山村北方氏宗祠东侧，新造了一座十间四厢的豪宅大院，成为十里八乡传诵一时的环山标志性建筑。可是好景不长，在 1926 年 8 月间发生的龙门、环山两个大村大规模械斗中，这座煌煌巨宅被龙门人一把火烧为灰烬！

事后，两个村仍然纠纷不断，方春山愤然赶到杭州，疏通了与省商会会长夏之文和当时省长夏超的关系，得到驻省军阀的支持，派一个营兵力来龙门、环山"平暴"。最终，省政府督令富阳县政府严办了龙门几个纵火行凶的暴徒，从而使这起震惊东南的大规模械斗事件得以平息。后来，当地群众传诵一时的"龙门十八张案桌（十八个官员），不及环山一张账桌"的典故，就源出于此。

在这场意外的大火中，连同房屋被毁的还有几万刀（当时毛纸的计量单位）坑边纸的存货，方春山沉湎于毁家之痛而难以自拔，从此生意凋敝，郁郁而终。

方春山虽早逝，但他敢闯敢拼、勤劳致富的精神，为后世方氏子孙留下了一笔宝贵的精神财富。改革开放以来，环山方氏后人传承先贤的意志品质，奋发图强，涌现出了一大批商界翘楚，为社会主义新农村建设做出了积极的贡献。

拳拳爱国心

裘申良／文

裘孟华，别名根山，1916 年 8 月出生于环一村。

裘孟华自幼聪颖好学、志存高远，加之父母颇具远见，对其悉心栽培，故得以接受良好的学校教育。1935 年，他以优异成绩毕业于杭州市第一中学，并考入南京军需学校就读。1939 年秋，裘孟华自军需学校毕业后即进入国民政府交通部辖下的中国航空公司工作，驻于重庆。时值抗日战争如火如荼、国家民族存亡之际，裘孟华以满腔热忱投身于抗战后方的军事运输大业，成为抗战一员，践行"国家兴亡、匹夫有责"之训。抗战胜利后，因工作出色，他被提升为中国航空公司分管人事的副经理。

1949 年 10 月，中国航空公司迁至香港，裘孟华亦随之赴港。因幼承庭训，爱国爱家，加之其间接受香港地下党的教育，他迅速成长为思想进步的党外人士。1949 年 7 月起，裘孟华参与到地下党组织策动两航（中国航空公司和中央航空公司）起义的准备活动中，并追随两航刘敬宜、陈卓林总经理发动了震惊中外的 11 月 9 日"两航起义"，北飞归国，回到新中国母亲的怀抱。裘孟华在人生关键时刻的英明抉择，使其经历亦随"两航起义"的爱国壮举载入史册。

回归内地后，裘孟华被上级委派到上海航空专科学校工作，投身于新中国建设热潮之中。他主动将国家奖励的五十余两黄金捐出，并自愿降薪一半，用实际行动为新中国的建设添砖加瓦。"文化大革命"期间，裘孟华受到迫害，他唯慷慨申辩一言"我因为爱国才回内地"，再无他语。直至四川省委两位常委干部到沪公干，寻访裘孟华叙旧才得知他的不幸际遇，遂迅即到上海市委陈述裘孟华在香港时曾为解救二人免遭国民党特务的抓捕，自掏腰包为二人购置机票，并护送上飞机的往事，证明了裘孟华的爱国之心、爱国之举，绝非特务。至此，裘孟华才得以平反，回原单位工作。虽遭此不堪经历，但他爱国之心如故，在岗位上兢兢业业，工作至离休。

1996 年 12 月 31 日，裘孟华因病医治无效逝世，享年 81 岁。

纵观裘孟华的一生，壮怀激烈，跌宕坎坷，唯拳拳爱国之心一以贯之，值得后人敬仰。

裘志良投笔从戎

裘一琳 / 文

裘志良，环四自然村人，生于农历丙寅年九月十八日（1926年10月24日），肖虎。现为中国社会主义文艺学会会员，解放军红叶诗社社员，济南军区老战士诗词学习研究会会员，山东省军区诗词书画研究会理事，部队离休干部。

裘志良自幼仁善信义，笃实好学，志存高远。他在就读于抗战时期流亡于常安小剡的富阳中学时，较早地接受了革命进步思想，与活动在当地的浙东人民武装金萧支队有了接触。中学毕业后，他考进严州师范，学习两年转学湖州师范；学成后回乡，任环山中心学校教务主任。

任教时期，正是裘志良年轻气盛、思想激进、崇尚英雄、向往革命的如金岁月。他时常组织学生集会，亲自给学生们讲《三国演义》的故事，尤其以《单刀赴会》《千里走单骑》等情节演绎得最为精彩，引人入胜，以此传播革命英雄主义思想。他用关云长等英雄的义勇精神激励学生们自强不息，长大报效国家民族，深受学生们爱戴。他也曾组织环山中小学生捐助鸡蛋、酒水，迎接解放大军。其间，他还在浙江大学深造过，在杭州结识了一位娟秀贤淑的常州姑娘并结为终生伴侣。

1948年1月，裘志良参军入伍，1950年毕业于华东军区军政大学。他历任《联合晚报》《白水周报》特约记者，华东军区第二速成中学国文教员，山东省军区秘书、编辑、秘书处长、党史办公室主任，等等职务。

裘志良长期从事军队院校教育领导工作，具有丰富的实际工作经验和深厚的理论功底，曾参加总政治部组织领导的部队中学语文教材、中学语法修辞教材、中学语文教学参考资料的编辑出版工作。他致力于军队文化教育，多次立功受奖，获评为先进模范人物。1960年出席全军文化教育积极分子代表大会、全国文教群英大会，受到党和国家领导人毛泽东、周恩来、朱德、陈云的亲切接见。1986年离职休养。1988年被授予中国人民解放军功勋荣誉证书、胜利功勋荣誉奖章。尽管年事渐高，但裘志良矢志不渝，老有所为，离职不离党，退休不褪色，在济南市军队离退休干部第五休养所，积极缴纳特殊党费，踊跃捐款救助灾区，扶危济困、热爱人民，连续多年关爱资助农村贫困学生，经常参加所里组织的与当地中小学"手拉手献爱心"活动。进入耄耋之年，裘志良仍然不忘陶冶情操，继续修炼自己的内心，豪情满怀，漫笔人生经历，以文章、诗词、书法、绘画作品，热情歌颂党和人民，歌颂祖国的大好河山，歌颂今天的美好生活，以实际行动诠释了老军人的高尚思想境界，被评为模范休养员、优秀共产党员、健康长寿模范老人。中共济南市民政局委员会、济南市老龄工作委员会授予他一系列荣誉称号，山东省军区政治部还对他的先进事迹予以通报嘉奖。

　　裘志良酷爱诗词书画，常年笔耕不辍，主要著作有《中国古代著名战争故事》《捻军起义的故事》《楚汉相争与霸王别姬》《伟大的思想家教育家孔子》等，还有大量的诗词作品刊登在济南军区《金秋诗刊》和山东老年大学《霜叶诗选》上。他的优秀诗词、书画作品及个人传略，被辑入《辉煌成就·世界曙光》《中国当代艺术节名人录》《胜利杯书法展作品集》《中国百业新闻人物大典》《当代诗家代表作手迹传略宝典》《军魂·在构建和谐社会中闪光》《甲午战争120周年中华爱国诗词榜》《从胜利走向胜利·诗词艺术中的伟大祖国》等典籍里。

历史文化挖掘者裘本洪

裘申富／文

裘本洪，环山环一村人，1929年11月出生。

裘本洪秉性耿直、执着、好学，就读富阳中学（当时校址在常安小剡）时，受共产党地下组织影响，于1949年1月投笔从戎，参加新四军金萧支队，在蒋忠领导的江南县政府民运部工作。中华人民共和国成立后，他被部队选送至中国人民解放军华东军事政治大学本科学习，学成后，到诸暨荣誉军人学校任教。1978年转入地方，任职于浙江省富阳市职业高级中学，1990年11月离休。

离休后，裘本洪仍积极参加社会文化活动，笔耕不辍，主要从事新四军研究、三国文化研究和乡土历史文化研究，造诣日深，成果颇丰。他曾为中国《三国演义》学会会员兼富阳分会学术组长、学刊副主编，浙江省新四军研究会富阳分会写作组成员，中国通俗文艺研究会会员。裘本洪所撰写的《毛泽东的游击战争战略思想与金萧支队的重建》《新四军二渡富春江的意义》《论孙权的用人艺术》《谈孙权何以水军立国和组织大规模的航海活动》《论魏、汉、吴三国分与合的启迪》等论文，立意高远，影响颇巨，被《纪念毛泽东诞辰一百周年论文集》《中国当代社科文献》《东吴大帝孙权》等多部大型典籍收编。

裘本洪个人出版的著作有小说《春江三姐妹》《春江浪》，学术专著《孙权家族与古富春》《孙权故里原件史料集录点评》，等等。他参与收集整理的长篇叙事民歌《朱三和刘二姐》，被列入第二批浙江省非物质文化遗产名录。

进入21世纪，裘本洪不顾年老体弱，考证、撰写《说古道今，纵谈富春环山裘氏》一文，发表在《富阳历史》刊物第17期（2000年10月）；还潜心收集整理出版了《环山村流传的故事》一书，为挖掘地方历史文化内涵、丰富乡土人文研究，提供了有效文献资料。

裘本洪简历入编《中国当代社会科学大辞典》、《中国人才辞典》、《中国当代学者风采录》、《科学中国人·中国专家人才库》、《21世纪人才库》

（中英文版）、《中华百年》（人物篇）等大型辞书中。

裘本洪拳拳赤子情怀，磊磊处事风范，不愧为前辈精英，后辈楷模！

环山方言撷录

环山乡虽属吴语方言区域，但因环山裘、叶、方等大姓皆来自中原地区，北腔南融，故明显有别于吴侬软语，呈现出短促、精练、硬气的特征。现遴选部分具有环山特色的方言，以盼后人传续。

瓦嘶哇撒宁！
（我是环山人！）

瓦、宏	（我）	丝咕筋	（油条）
乃	（你）	猴煞嗟	（馋死了）
呀老子	（老爸）	掘尚	（中奖）
大大	（大哥哥）	飞丝梦	（蜘蛛网）
小姊媚古	（小姐妹）	椰娘	（吊水桶）
小弟兄古	（小兄弟）	水根哔哒	（挑水用的扁担）
弄啦	（干吗）	笤揪	（扫把）
呐个弄弄	（怎么办）	嘎厨	（菜厨）
切饭嗟	（吃饭了）	洋么	（袜子）
木牢牢	（很多）	策头毛里	（突然）
哒梯	（聊天）	白头呎巾	（无缘无故）
港塌头	（讲故事）	呎塌煞	（无底线）
结棍丢、熬骚	（快点）	犟犟	（勉强凑合）
搓一丢	（差一点）	撒潲咯	（傻的）
甲手捏	（左手边）	浑协秋	（昏头了）
信手捏	（右手边）	撒嗟猫	（一知半解）
镶焦	（锅巴）	叶来逮去	（乱讲话）
随古相相	（可怜）	掐梯嘛瓜	（吹牛）
投光、投毛子	（刚才）	撒刮、瑟早	（精干）
僵刚	（刚刚）	缺特	（坏了）
个毛	（现在）	宏勤以	（我不要）

1. 老娘，亚饭肖好了嚜？（老婆，晚饭烧好没？）
   ——熬骚嗟熬骚嗟。（快了快了。）
2. 挡亮一个贴结巴。（绊了一跤。）
   ——走路看牢，覅搞手机。（走路看着点，不要玩手机。）
3. 小弟兄古，个顿饭切得沃皮道咯。（兄弟，这顿饭吃得很舒服啊。）
   ——啊也，乃了得古就好啊！（啊，你满意就好！）
4. 阿噗，乃个节妞妞嗞养得撒滚滚涨咯！（阿婆，你这只猪养得这么肥啊！）
   ——也，泥底落好两百斤好码嗟！（是的，年底好几百斤可以卖了啊！）
5. 阿姊，乃好旺嚜？（姐姐，你好了没啊？）
   ——来嗟，来以神哈子。（来了，在找鞋子。）
6. 小囡子头，乃了形刚背亚来以弄啦？（小姑娘，你深更半夜在干吗？）
   ——等瓦小姊媚古落巴嚷，也嘞哒子小，独自古回起几得慌咯！
   （等我小姐妹下班呀，她胆子小，自己回去怕的！）
7. 喀宁要来嗟，快丢起道地落扫扫干宁！（客人要来啦，快点用扫帚把
   地扫干净！）
8. 撒结棍要弄啦起？（这么急的干吗去啊？）
   ——来勿其嗟来勿其嗟，公交粗要别吭上嗟！（来不及了来不及了，
   公交车赶不上了！）
9. 结个榔娘都道嘎厨是古董啊！（这个吊水桶和菜厨是古董了啊！）
   ——也，个毛宁古窝里协别沸大有嗟。（是的，这个百姓家里不太有了。）
10. 个接洋么旺嚜臊也。（这只袜子还没干。）
    ——个么乃到呼匆高鼎烘一烘。（那你到火炉上烘一下。）
11. 呀老子，内个光水根哔哒园园好啊。（老爸，你的扁担放放好啊。）
    ——晓得嗟。（知道了。）
12. 哈得呐小鬼头快丢来瓦窝里西啊！毛好个切尝来以！（快叫你家小孩
    来我家里玩！有好吃的！）

第二篇章

环山乡红色文化

革命老区乡——环山的红色印记

裘一琳 / 文

1927 年至 1930 年，环山是富阳县早期共产党组织秘密活动的重要地区之一。1930 年春曾建立过两个党支部，即中共环山支部和中共柏树下支部，环山支部书记叶庆元，委员何勤根、裘阿葵，柏树下支部书记袁雪根。两个支部先属灵桥区委，后属龙门区委所辖，党员发展到 20 名。

1939 年 3 月，时任中共中央军事委员会副主席、南方局书记的周恩来，到东南抗日前线视察，曾途经环山，并在中埠村做短暂驻留。

1939 年农历十二月，中埠村渡工为新四军过渡护送情报人员，部分村民也曾掩护、陪同地下党员过江送情报。

1945 年 5 月 13 日夜，金萧支队为配合苏浙军区部队过江进行侦察，在中埠龙山和国民党挺三顽军遭遇，激战中指导员毛仲倩等 5 人牺牲，诸佳坞村裘全根等 10 余人立即组成担架队，到前线将牺牲战士的遗体抬回，安葬好。同年，苏浙军区部队同日寇在环山茶庵埂展开遭遇战，死难烈士也由环山群众抢埋。

1945 年 5 月 18 日，时任新四军浙东纵队政委谭启龙，第三支队队长蔡群帆、政委钟发宗率部攻占中埠渡口，19 日进驻环山大村，谭启龙政委还于环山横街杨树井，向环山村民做宣传抗日讲演。

1960 年，由毛泽东的秘书田家英带队的中央调查组，到当时的"友谊公社"（环山和龙门两乡合并而成）调查"大跃进"时期农民生活状况，就驻留在原环山乡政府开展工作。

鉴于环山历代仁人志士在革命战争年代所做出的贡献，1989 年 12 月，杭州市民政局杭民〔89〕局字 16 号文件，将当时环山乡的环一、环二、环三、环四、新畈、西岸、假山、浦西、柏树下、诸家坞、袁家等 11 个村分别命名为"革命老区村"。现在环山境内有两座革命纪念亭，一座是中埠的"新四军两次渡富春江抗日纪念亭"，一座是环山村（环山中学门口）"新四军芳泉战役抗日烈士纪念亭"，系富阳区爱国主义教育基地之一。

谭启龙在杨树井边宣传抗日讲话

裘星一 / 文

1945 年，为贯彻执行中共中央关于发展东南的方针，迎接苏浙军区部队南下，新四军浙东纵队政委谭启龙、第三支队队长蔡群凡、政委钟发宗于1945 年 5 月 10 日，率领三支队和纵队组织的以班排干部为主的一个参观连，从四明山梁弄出发，一路战斗，17 日傍晚抵达常绿大章村，18 日黄昏攻占环山乡中埠渡口。19 日上午，接应从汤家埠渡江的新四军四纵十一支队。为运送伤员，筹集粮草，补充兵源，新四军四纵十一支队和新四军浙东纵队三支队，从中埠返回环山乡环山大村进行短暂休整。

革命年代的谭启龙

环山村民将新四军大队人马安顿于裘氏、叶氏、方氏祠堂，并送粮做饭慰劳将士，新四军则广发布告，四处张贴抗日标语，在道地上、街口路旁唱歌宣传。有村民还记得其中的两句歌词："新四军是子弟兵，救苦救难救穷人""吃菜要吃白菜心，当兵要当新四军"。政委谭启龙亲自站在杨树井旁的石墩上，向部分环山村民做了抗日动员讲话。据村民回忆，谭启龙政委个子不高，很健壮，面孔蛮和气的。他说了抗日形势和共产党的政策，还说德国法西斯投降了，日本鬼子也要快完蛋了。他还动员年轻人参军抗日，动员村民卖粮食给新四军，帮新四军运送粮草、抬伤员。在走访村民时，谭启龙还向部分村民、学童赠送了抗日画报。当夜，谭启龙和支队领导就宿于杨树井边的养生堂。

新四军的广泛宣传和谭启龙政委的演讲，使环山人民对共产党、新四军有了更多的了解，也有了抗日必胜的信念，为苏浙军区副司令叶飞所部的第二次横渡富春江作战，打下了较好的群众基础。

中华人民共和国成立后，谭启龙曾任中共浙江省委第一书记、浙江省省长。2001 年 8 月，中共富阳市委、市人民政府为苏浙军区第一次渡江会师地——环山乡中埠建立"新四军渡江会师纪念碑""渡江亭"。碑名由谭启龙亲笔题写。

环山水利史

裘申富 / 文

　　"天旱水荒"是威胁着历代环山人生存的症结，是压在环山人头上的一座大山。

　　环山地形四面环山，中间有一块从南到北十里路长的"弓形"平原地带，是环山人赖以生存的粮田大畈。然而这几千亩粮田，却都没有可靠的灌溉系统，基本上是"靠天吃饭"。每年夏、秋季节都是环山人最难熬的季节，不仅要"面朝黄土背朝天"地耕种培育，还要日以继夜地为"水"竭尽全力。

　　环山全境就靠一条发源于石板岭的剡溪灌溉粮田，而剡溪源短流急，"一天大雨泛洪水，三个太阳水断流"，所以古人只能在沿溪田畈里挖上无数口水井和几个溪水冲积的水潭，如茶庵潭、沙墩潭、沉狗潭、湖石潭、六亩潭等，靠人力取地下水灌溉。

　　岁月漫漫，人们的抗旱取水手段和工具随着时代的进步逐渐改进。最早挖井、开塘取水的工具是吊桶、水车，因大多数粮田土壤以砂质为主，不贮水，古有"日里千百桶，夜里归原洞"之叹。有些水车上有很形象的题字，"木龙治水，人定能胜天""龙游浦江，分水到青田"。这些形象贴切的题字，是历代环山人战天斗地的智慧和血汗所凝聚的文化遗存。

　　中华人民共和国成立后，政府号召人民大力兴修水利，战胜旱魔。1951年土地改革后，乡政府就指定裘连生（师俭）等人组成乡水利委员会，带领群众找水源、建水库、筑溪堰，在环山村周围先后建起了候军坞水库、桐树坞水库、步子坞水库。但是，这些水库都是靠人力手挖肩挑筑成，坝身低、库容小，对于拥有3000多亩的大塘畈来说仍是杯水车薪。1957年下半年又开建了"地下乌珠堰"工程，计划在新畈村背后西起胡公庙山脚，东到杨梅头山脚挖一条几百米长、近十米宽的深坑，用黄土夯填，欲把剡溪的地下水引到地面，汇入乌珠潭，通过乌珠沃，灌溉大塘畈。无奈工程浩大，仅靠人工手挖肩挑毫不济事，加之寒冬季节饥荒难度，最终工程半途夭折。1960年，又到真佳溪义桥潭筑机埠，从汤青山脚到陆墓村背后挖渠道，冠名为"红旗渠"，用木炭机取湖源溪水来灌溉大塘畈。该设想虽好，但因取水点在别乡外村地段，常受干扰，加之原始的木炭机不遂人意，只能是半途而废，大塘畈仍是受旱减收。

1962年国家建成新安江水力发电厂，输电网直送富阳，使环山人的取水抗旱手段发生了颠覆性的变革，一改千百年来靠人力用吊桶、水车取水为靠电力机械取水。1963年春，乡政府（当时为"公社"）报请上级水利部门派技术人员测绘、放样，提出了取富春江水通过三级翻水，彻底解决大塘畈干旱问题的方案。当年乡政府就组织人力到下坞村剡浦岸边开建第一级翻水站，装机容量为55千瓦，引水渠直挖至阴湾山脚。到1966年春，建成第二级翻水站，装机容量75千瓦，当年大塘畈公路北上千亩粮田受益。到1967年下半年，在白凉亭边建成第三级翻水站，装机容量为22千瓦。至此，整个大塘畈3000多亩粮田的旱魔被彻底镇服。

其他如溪大畈、村边畈等凡是有水井的都装上农用输电线，用小型电动机、潜水泵取水灌溉，吊桶、水车彻底退出历史舞台。

"天旱"就这样解决了，"水荒"也同样经过漫长的岁月才被战胜。古时我们环山下庄即浦西、柏树下以下的几个村庄年年遭"水荒"，每年汛期富春江水位上涨，倒灌进来，从田畈到村庄全部受淹，土地绝收，老百姓苦不堪言。中华人民共和国成立后，乡政府在解决"天旱"的同时发动群众解决"水荒"。从中埠到柏树下以及整条剡溪两岸都先后筑起防洪堤和溪埂，拦洪减灾，抗击水患。

改革开放后，经济和社会快速发展，在政府的大力扶持下原有的防洪堤加高加固，建成五十年一遇的标准化防洪堤，环山村周边的候军坞水库、桐树坞水库、步子坞水库都加高加固大坝，清库扩容，增加储水量，不仅解决了农田灌溉的问题，还解决了环山村近五千人口饮用水的问题。剡溪两岸筑起了标准溪埂，埂边筑起了游步道、绿化带，昔日的伤心地变成了今日的风景点。

回顾环山战胜"天旱水荒"的漫长历程，感慨良多，首先，只有国强才能民富，百姓的幸福依附于国家的富强。其次，饮水思源，那些曾为环山水利建设事业不辞辛劳、无私奉献的人们，都值得我们铭记在心，永远传赞。

环四"知青井"

裘一琳 / 文

在环山乡环联村环四自然村南面的千年银杏树旁，有一口老井，现虽已废弃，但它因与当年"上山下乡"的知识青年结下的一段特殊缘份，而让当地村民至今念念不忘，一直称它为"知青井"。

1968 年 12 月，毛泽东主席下达了"知识青年到农村去，接受贫下中农的再教育，很有必要"的指示，上山下乡运动大规模展开。翌年的年初和年尾，前后有两批杭州知青共 6 人下放到环四村。这帮只有初、高中年龄的大孩子，告别了城市生活，来到举目无亲的乡下，和农民同吃同住同劳动。淳朴善良的环四村民很爱护这帮孩子们，考虑到知青人数多了，农户家里安排不了，村里就租用环四村民裘章根家的祖屋，供知青集体生活，成为临时的"知青屋"。

当时，这一带住户稀少，房前屋后被一块一块的水稻田包围着。村民们很早就在"知青屋"边挖了一口简易的灌溉井，水头很浅，无法饮用，井边杂草丛生，而村民饮用水则要到别处的井上去挑来用。

为方便知青们的日常生活，村里决定将灌溉井挖深、平整井沿，解决知青们洗漱、饮用等难题。村里想方设法到村办造纸厂要来了灰池渣（夯实后像水泥一样坚硬平滑），又通过周边住户集资，深挖、疏浚了井底水源，浇筑了井圈，使之成为水源清澈、周围卫生整洁的一方甘泉，为知青和周边农户的生活提供了极大的便利。

"知青井"之所以令人念念不忘，是因为知青们在井边展现的生活新风尚，成为那个年代农民心中一道抹不去的"风景线"。每到清晨出工前或傍晚收工后，知青们在井边用牙膏刷牙，用香皂洗头、沐浴，总会引来一群群农家孩子好奇地驻足围观，幼小的心灵里早早播下文明卫生的种子。在那个特殊年代里，知青们和当地村民结下了深厚友谊。至今，环四村人仍记得这些知青的名字：宋从胜、徐松生、冯连根、陈卫国、董阿土、刘巧玲（女）。尽管当年的"大哥哥大姐姐"，如今已是白发苍苍的老人，但老一辈人看到"知青井"时，仿佛知青们生龙活虎的生产生活场景，又在眼前闪现，令人久久难忘，回味无穷。

第三篇章

环山乡产业文化

"一枝铜花"曾绚烂环山

裘一琳 / 文

说起环山乡的起步发展，曾经在环山辉煌一时的铜冶炼产业，是绕不过去的话题。

1961年12月26日，绍兴铜厂迁建于环山乡西山脚。1963年，企业正式更名为杭州富春江冶炼厂。

这家由冶金部所属的杭州富春江冶炼厂，在生产金、银、铜的同时，其废弃的炉灰、炉渣等"下脚料"仍含有一定量的铜残留，通过熔炼还可以提取，变废为宝。

1983年，由冶炼厂技术员提供技术，环山乡坊间用原始冶炼法修建起了熔炼炉（人称"冲天炉"），开始了从废料中提取粗铜获得利益的新路径。到1994年，环山熔炼炉达到34只，全乡有60%以上的劳动力加入了炼铜大军，不但解决了当地的就业问题，也活跃了经济，带动了百姓致富。

然而，粗铜冶炼因其土法上马，纯粹以牺牲环境为代价，炼铜产生的"三废"严重污染了当地环境。

痛定思痛，为了使铜冶炼业得到健康、持续的发展，当地炼铜业主在各级党委、政府的引导和国家产业导向的倒逼下，花血本投入，经过几轮的熔炼炉改良，最终实现"三废"达标排放，而且形成了集中生产、集聚发展的环山铜冶炼特色工业区，成为当时富阳四大特色产业之一。

其间，环山乡涌现出了一大批铜冶炼产业精英人物，为带领村民致富、发展乡村经济做出了榜样。

如今，环山乡铜冶炼产业通过转型发展，已逐渐退出历史舞台，乡党委、政府在新一轮产业布局中，注重引入新型产业到环山落户、生根、开花，谱写新时代全乡转型发展的崭新篇章，环山正力争成为产业发展的转型新星。

转型发展的"环山样板"

裘一琳 / 文

告别了铜冶炼产业"一家为大"的历史阶段，环山乡逐步走上了转型发展、创新发展的新征程。

为打好产业转型攻坚战，环山乡党委、政府运用高新技术和政策扶植双管齐下的手段，为全乡的转型升级之路保驾护航。

引导和鼓励企业运用高新技术，全力发展铜深加工及电子材料等新兴产业，并形成集铜产品加工中心、铜经济信息中心、铜技术开发中心、铜商品集散中心和铜文化研究中心于一体的铜工业发展格局，显著提升了产品附加值和市场竞争力，走出一条既具环山特色、又有竞争优势的铜工业发展新路子。

出台政策优化整合现有工业园区，加快铜产业改造力度，深入开展"腾笼换鸟"工作，以此提升存量经济。同时，在19省道两侧选择合适区块，发展现代设施农业、精品农业、高效农业和观光农业；整合篆刻文化、祠堂文化等本土特色文化资源，打造乡村旅游品牌。

环山乡党委、政府还充分利用交通枢纽优势和区域发展的各种要素资源优势，借力发展，乘势而上，加快发展现代物流、养生度假等新兴服务业；加快发展农村连锁经营，完善农村商品流通网络，提升商贸服务业发展水平。到目前，环山乡在稳定第一、第二产业的基础上，使第三产业的比重得到有力提升。随着产业发展越来越彰显绿色环保理念，人民的居住环境越来越温馨美好，环山乡的天空也将变得和百姓的笑脸一样越来越灿烂。

随着党的十九大精神的深入贯彻，环山乡党委、政府团结带领全乡人民在习近平新时代中国特色社会主义思想指引下，积极融入区委、区政府规划的"一乡两镇"联动发展的大布局中，转型发展迈上了新征程，必将为富阳最美现代版富春山居图建设奉献独具特色的"环山样板"！

第四篇章

剞溪漫笔

环山悠久的历史和深厚的文化底蕴，哺育了一代又一代的匠意文心，值此《环山印记》付梓之际，环山乡乡土文化挖掘小组收录了环山作者部分带"乡土味"的文章，以飨读者。

流觞曲水候军坞

裘申良／文

　　环山大村东面，有条十里长坞——候军坞。

　　候军坞东西走向，东起环山乡与大源镇双溪交界的圣岭，西至鹰嘴山，北依大山，长约 10 里，横贯环山东部群山。环山大村东边群山连绵，峰峦叠翠，云蒸雾涌。其中有环山境内最高峰——大山，海拔 800 余米，率众山而叩九天，素有"双峰插云"的美誉。群山开处，候军坞豁然而出，纳群山之水，成涧水潺潺，尽得天地造化之灵秀。

　　候军坞之名，传说和明朝开国皇帝朱元璋有关。元朝末年，天下大乱、烽烟四起，揭竿而起的朱元璋，曾经率部转战浙江各地。在环山这条十里长坞中，就发生过朱元璋部下钱粮官刘显携带军中饷银，为等待和朱元璋所率义军的会合，最终饿死的故事。（见前篇《环山刘显庙的故事》）朱元璋称帝后，因追念刘显的恪尽职守，下旨在山坞中为他建了座刘显庙，以便四时享祀，并将这条山坞更名为候军坞。

　　候军坞，山水风光与人文风物相映衬，古道西风伴流觞曲水共长存。十里长坞，犹如十里画廊！

　　钟灵毓秀候军坞。十里长坞，溪流婉转水潺潺。一溪秀水盘活了一众青山，水送山迎，钟灵毓秀。候军坞四时风景俱佳。春天，山花烂漫，崖壁上幽兰暗香扑鼻；夏天，满目苍翠，一树树轻盈的合欢花随风摇曳；秋天，野果飘香，山峦上香枫树红叶似火；冬天，茅花似雪，溪涧中水汽蒸腾、菖蒲弄水。

　　古韵四溢候军坞。十里长坞，沧桑气息掩不住。横坞里青竹湾的"周田"，诉说着远古先民们刀耕火种、垦荒伐樵、战天斗地的不易；上古传说"苟竹城"，还在叹息戴、童两族的人间悲剧；心欲亭，古石桥，"泗涧庵"土地庙，大山上的"直踏步"，还有那早已湮灭的五座古凉亭，串起了环山、大源两地的古道，为商贾贩卒、樵夫农夫、赴刘显庙进香的善男信女、东来西往步行游玩者提供便利，遮风挡雨数百年。

　　人文荟萃候军坞。十里长坞，人文佳话传千古。候军坞人文故事俯拾皆是，刘显候军宁饿死，朱皇帝"金口"一开封财神，香火旺盛的财神庙，让四邻八乡的善男信女多了个虔诚养心的去处；六十支卦签卜吉凶，点醒了芸芸众生中多少迷茫人；叶李辞官游山水，因留恋这十里长坞中那一湾流觞曲水，举家迁居环山，开环山叶氏一脉。修桥铺路积善德，数百年来，曾有多少位环山乡贤，各自在候军坞的历史册页中书写上浓墨重彩的一笔。

玄幻神奇候军坞。十里长坞，风水玄幻扑朔迷。候军坞山高坞深，山势连绵，秀水长流，自是风水宝地。桐树坞有南宋皇帝钦赐谥号"文贞"的裘诸野墓；笃木垅有明朝官至御史，钦赐"豸史第"牌匾、"绣衣坊"牌楼的叶稠墓。两座古墓都是墓制宏伟、浑然天成，且都有玄幻传说相伴，现已位列文保目录。还有那神乎其神的龙门址"燕子窝"、团圞山"螺蛳形"风水局传说，真耶？假耶？折射的是人间悲喜、世态炎凉。

休闲胜地候军坞。十里长坞，小桥流水画中游。候军坞原本就具有江南山水之秀，古道古亭、小桥流水，美景似画！近些年来，政府、宗族、宗教组织等分别投资修建了各类设施，候军坞的休闲观光基础设施已日趋完备。傍溪土道铺设了柏油路面，架起十里路灯，车辆可通行无碍；扩容后的候军坞水库、桐树坞水库碧波荡漾；数次增建后的刘显庙成了颇具规模的宗教建筑群；裘氏宗族重修的"心欲亭"、叶氏宗族新修的"流觞亭"，可供休憩；一两座休闲农庄也已初具雏形。环山大村居民到候军坞中休闲锻炼，已经成为新风尚。晨曦中、暮霭下，参与锻炼的男女老少络绎不绝。

十里候军坞，候君来观坞！

叶李择地而定居

环山大村，是富春江南岸屈指可数的大村落，尤以裘氏族裔聚居而得名。村中，裘、叶、方三姓，占了大村总人口的九成之多。

其中，叶姓自南宋末年开始定居环山，繁衍生息，始迁祖叶李（1242—1292）。叶李出身于官宦世家，先祖叶梦得是北宋末文学家，官至尚书左丞；祖父、伯父、父亲都是南宋的大官，世居钱塘。那么，叶李为什么会从当时繁华的钱塘迁居到乡野环山呢？这其中还有一段风雅的人文佳话。

原来，叶李在 20 多岁的时候，血气方刚，初生牛犊不怕虎，联合了同窗好友康棣、朱清（时富阳仪凤都，现场口镇人）等 83 人，上书宋度宗"斩贾似道以安众心"，控诉奸相贾似道卖国求荣，而且这叶李还是控诉书的起草人。这还了得，叶李马上被以"不轨之罪"银铛入狱，判了黥刑，然后流放福建漳州，一待就是 12 年。所幸后来贾似道东窗事发，被罢免官职，叶李才得以赦免回家。叶李回钱塘后，无心入宦，闭门隐居。忽一日，叶李因思念在"扳贾事件"中同进共退的好友朱清（此时正赋闲在家），从钱塘乘舟溯流而上，到富阳仪凤都拜访老友。一别经年，生死好友相见，心中喜悦自不须赘言。此后月余，朱清带叶李游山玩水，好不惬意。某天，朱清携叶李到环山（时称庆护里）拜访一裘姓友人，那裘姓友人出身世家（系裘诸野的裔孙，裘诸野为宋理宗朝中名臣，谥号文贞，即环山裘氏后裔口中的桐树坞大阿太），知书达理，又与朱清、叶李年龄相仿，与叶李更是相见恨晚。趣味相投的三人，或对酒赋诗，或挥斥方遒、指点江山。天晴之日，裘姓友人带着叶李、朱清二人竹杖芒鞋，遍访环山的佳山秀水。那日，三人因寻访环山大村东面深山老坞里的"周田"，信步来到山坞中的古庙"泗涧庵"一带，只见这里群山连绵，云雾氤氲，鸟语花香，泉水潺潺，其景不输武陵世外桃源。"泗涧庵"前的山涧，蜿蜒曲折，清澈的泉水在岩石涧床上飞花溅玉，其声犹如天籁之音。叶李心旷神怡，连连感叹：此地崇山峻岭，映带水出，比之东晋"书圣"王羲之书写《兰亭序》时的流觞曲水，也该毫不逊色吧！此后数日，叶李与友人流连此处，乐而忘返。

翌年春月，叶李因魂牵梦萦环山的水石胜景，特别是那一湾流觞曲水，以及当地待人若戚的淳朴民风，遂举家迁居环山，叶李为环山叶氏始迁祖。

此后，南宋亡，元朝兴。叶李在辞拒元世祖忽必烈江南诏贤中授封的奉训大夫、儒学提举。十年后，在元丞相安童的一再劝勉下，叶李虑民思族，出仕朝政。叶李官至尚书右丞平章知事，为官六年，体恤民情，政绩斐然，政声颇佳。1292 年，叶李辞官还乡，归途中病故于山东临清县，归葬于富阳仙山乡石碑湾（今高桥谢墓）。后元惠宗妥懽帖睦尔追封叶李为南阳郡公，谥号文简。2014 年，富春环山叶氏理事会在候军坞"泗洞庵"东南，当年叶李等人叹为"流觞曲水"的溪涧边，建石质廊亭一座，命名"流觞亭"，亭内镌刻了叶李的游记一则。

古桥古亭诉心欲

候军坞从坞口的朱家门口开始，走坞中的古道，翻越大山南侧的"直踏步"，可达大源稠溪村。候军坞古道原有凉亭五座，随着岁月的流逝，大多已坍塌湮灭。唯有距朱家门口里许的心欲古亭和亭旁候军溪上的心欲古石桥，虽历经风雨飘摇，尚顽强屹立。

说起这心欲古亭和古石桥，不得不说旧时环山乡贤裘寅清。清光绪八年（1882）农历十月半，裘寅清做七十大寿（环山当地过五十岁后，逢九做寿），七十古来稀，那时已属难得。寿宴上，裘寅清向子女们和前来祝寿的众亲友宣布："我虚度七十年华，现今身体硬朗，儿孙绕膝，家境尚算富裕，当是上苍厚爱。我有一个心愿，就是有生之年，想在候军坞坞口建一座凉亭和一座石桥，方便进出候军坞的乡人。"话音刚落，几个子女和众亲友都表示赞同，纷纷称好。翌日，裘寅清即出资雇请工匠勘察地形，购置材料，耗时数月在坞口的候军溪上建造石桥一座。桥分两墩三孔，每孔桥面用三根长约丈许的巨大条形青石铺就，平坦坚固。自此，进出候军坞的乡人再也无须涉水过溪了。又在桥头建了一座丈二开间、三丈进深的凉亭一座，供东来西往者落脚歇息，遮风挡雨。石桥命名"心欲桥"，凉亭命名"心欲亭"。"心欲"之名，出自《论语·为政篇二》子曰："吾十有五而志于学，三十而立，四十而不惑，五十而知天命，六十而耳顺，七十而从心所欲，不逾规。"其实，"心欲"桥名、亭名更是真切地表达了裘寅清最朴素的积善成德的心愿。

心欲亭建成后数十年，损毁已经非常严重，民国十九年（1930），乡人集资进行重修，重修时在横梁上写下了"世界大同，天下为公"八个大字，更是先贤们企盼国泰民安、世界和平，对美好生活的向往。古桥古亭命运多舛，在抗日战争时期，心欲桥遭日军炸裂，心欲亭也一同受损，日寇罪证，时刻警示着乡人，勿忘国仇家恨。

1990年，乡贤方雪木致富不忘造福乡梓，出资在心欲石桥边，平行修建了一座钢筋水泥新桥，可供车辆通行。2014 年，环山裘氏宗祠理事会拆除了摇摇欲坠、破败不堪的心欲亭，在原址重建了心欲亭，更是体现了裘氏后人"孝义传承、共创和谐"的新时代精神。

虽说，现如今的心欲古桥已成为纯粹的古迹，不再担负通行功能，心欲亭的功能也趋弱化。但小桥流水，古道凉亭，风味犹存。共创世界大同的期望和传统孝义精髓当是历久弥新、熠熠生辉的。

沧海桑田之"周田"

商周时期，我们吴越一带还被中原人称作蛮荒之地，但已经有百越活跃于其间的历史记载。富阳在秦时设县，也说明秦之前就有先民在富春大地居住生活了。据口口相传的说法，蛮荒年代，环山的"大山—横坞—狮子山"以西、"剑山—锣鼓山"以东大片土地皆是水泽、荒原，还不宜人类居住。环山的土著先民都集聚于周边高山，以刀耕火种、垦荒伐樵为生。斗转星移，沧海桑田。因为缺乏可靠的文献记载，环山村落的形成时间已无从考证。但从历史遗迹及先辈传说中可以得出：商周时期，环山一地就已经有了人烟，周边高山上也已有土著先民聚居，而且还达到了一定的文明程度。这些，都是寻得到蛛丝马迹的。

在候军坞的中部，"泗涧庵"前面的候军溪上有一座老石桥，跨过老石桥往南，就是候军坞的分支——横坞。横坞往东南可一直通到龙门地界，横坞里有个叫作青竹湾的山湾，周边四五百米的高山坡上，现今还存在着很多块被当地老人称作"周田"的梯田。这些"周田"，小小的一块一块，随山势地形有序分布，田埂全部用蛮石砌坎，形制十分考究。仔细观察，砌坎的蛮石有大有小，大的足足有几吨重，蛮石垒砌得严丝合缝，让人惊叹于先民的垒砌技艺，更惊疑于先民们是如何在山坡上搬动这些巨石的。但"周田"真真切切地存在着，不得不让人相信。还有，在闹饥荒的年代，环山村民到青竹湾"掏乌龙"充饥，曾有人挖出过古时的瓦砾片。尽管这些遗迹不多，但至少印证了民间流传的"周朝八百年，满山出青烟"的真实性，环山也毫不例外地有人口聚居了。

除了"周田"遗迹，环山老一辈的村民中，还流传着远古时戴家岭戴公子、童家山童公子两个纨绔子弟因戏耍而酿成人间悲剧的故事。传说在古时候（不知道是哪朝哪代了），环山当地形成了两个较大的族群，一个坐落在戴家岭，一个坐落在童家山。两族各有一个大户人家，两家公子十分交好，整日里轻裘肥马，左黄右苍，呼奴使婢，游手好闲。这样整日玩着，两家公子都觉得很无聊，总想着玩出点新花样来过过瘾。一天，戴公子约见童公子，对他说："我和你一起来玩一个游戏，包管你感到惊险！"童公子忙问其详。戴公子遂说出一个惊人的游戏计划：他让童公子向官府告发他正在营造"苟竹城"，设想由此生发出一场官司，这样岂不是很好玩？童公子欣然领命，依计而行。相传"苟竹"可作为城墙，按照古代法典，私人蓄意建"苟竹城"，便是谋反自立的行为，不仅是死罪，还要株连九族！戴、童二公子原本以为这游戏最多惹一场官司，既惊险又好玩，何乐而不为。谁知游戏的结局并没有按两位公子的设想轨迹发展——地方官府接到童公子的"举报"，十分惊慌，未经调查核实，就直接上报了朝廷。不久后，朝廷派兵剿灭了戴家岭，诛杀戴家全族。童公子自知玩笑开过了头，后悔不迭，随后也举族流徙别地他方了。

传说终归是传说，"周田"也无法确证是不是"周田"。但环山历史的古老，该是确凿无疑的！

四世同堂

裘申良 / 文

　　"家和万事兴！"华夏文化几千年的历史积淀中其实早就将"和谐家庭"的真谛概括了。不敢妄论和谐社会这大命题，但说说自家琐碎小事，或许可以印证"家庭即小社会"这一说法。

　　已过了不惑之年，为人父亦二十余载。却总觉得自己还是个小伙子，不仅仅是心态、身体素质问题，更多的是因为上有高堂父母，还有白发苍苍、清癯硬朗的爷爷奶奶健在。也无怪乎我总觉得自己年轻了。的确是呀！我还在做着儿子、孙子。在爷爷奶奶、父母的眼中，我仍定格在还没长大的阶段。

　　一大家子中，我觉得应该大书特书的是爷爷和奶奶。他们一辈子做着面朝黄土背朝天的普通农民，从来没有做过哪怕一件惊天动地的事。爷爷奶奶出生在旧社会，成婚在解放初，奶奶还是童养媳。平平淡淡六十余载，从未见他们夫妻间，或者与邻里脸红过。当然，我没有见证过我懂事前的他们，但他们在邻里中的口碑一直很好。也许是当时的特定社会环境，响应"人多力量大"的号召，所以我爸爸他们有七个兄弟姐妹，到现在我儿子、侄女算上，一大家子有三十多口人了。其实从爷爷奶奶对小一辈浓浓的爱意中，可以看出他们从内心对儿孙们真正的喜爱，他们是真正喜爱人丁兴旺的。据儿时奶奶对我们不止一次的家史讲述中，爷爷年轻时曾经碰到过农村迷信说法中只有有福之人才能碰到的"天开眼"，在"天开眼"时的祈愿一定灵验。但爷爷既不求富贵，也不求腾达，只是祈愿儿孙满堂，平平安安。祖辈的夙愿可以说达成了，平时在爷爷奶奶不厌其烦、事无巨细的询问孙辈、曾孙辈的工作、学习情况的口气中；在爷爷奶奶看着呀呀学语、奶声奶气的曾孙辈的慈祥目光中。爷爷奶奶是幸福的，他们在安享晚年！

　　拉扯儿女长大，帮他们成家立业是辛苦的。爷爷奶奶在几十年的操劳中消耗了他们的青春。如今爷爷已九十挂零、奶奶也八十多岁了，他们却怎么也改不了中国农民勤俭的本色，也听不进儿孙们善意的责备和禁令。"闲不住"是他们的共同顽症！没什么需要他们操劳和耗费心思的事了，更没有生计之虑。看看电视，摆摆龙门阵，或者逛逛老年协会应该是他们最好的选择了。但仗着硬朗的身板，爷爷却收管起了近村边好几处别人闲置的田地，种些时令蔬菜、瓜果。起着早去松土除草、浇水施肥，还要躲着儿孙们，怕挨"骂"。二老自是无法"消灭"他们的劳动成果的了，也不见他们去菜市场卖。每天爷爷起个早，从田地里采来瓜果蔬菜，奶奶洗净了。儿子、女儿、孙子家挨户分过去。看着他们放下东西时自豪、满足的神情，爸爸叔叔们还敢责备几句，我们孙辈就不敢多说了，唯有心安理得的享受。有时他们自己烧些粗粮食物，召集几个曾孙们，看他们狼吞虎咽地换换口味。更多时候是看到二老在水井边的分工合作，一个打水、一个洗菜。把吃不完的蔬菜腌制起来，等着哪个儿媳、女儿、孙媳妇烧菜前急急地去讨要。老有所为！舐犊情深！可能是我们小辈无法真正了解他们的内心情感世界罢了。

爷爷奶奶不肯"赋闲"，一个是他们天性使然，更主要的是在他们眼中儿孙辈的争气和孝道。三十多号人，儿女们俱已成家立业、各有手艺。孙辈们大多跳出农门，安心工作。兄弟团结，妯娌和睦。虽无大富大贵，但都健康安稳。在他们的眼中，这是一生最大的成就。常听爷爷念叨：他一岁丧父，七岁看牛，十三岁挑脚（旧时肩挑东西，做苦力赚钱），解放前吃尽苦头，现在看到儿孙们安分守己、幸福美满，他这辈子是完全知足了。爷爷奶奶天性善良，他们的儿女、子孙亦与世无争，安分守法。我家为邻里所一直称道的就是儿孙们对长辈的孝敬。没听见过兄弟间、妯娌间吵闹过，也没听见小辈顶撞过长辈。一个"孝"字藏在每个人心中，宽容、理解也就成必然的了。白天大家各忙各的工作，一到傍晚爷爷奶奶休息前，他们的房间总少不了儿孙们的身影。说说各自在外的见闻，征询二老对家中要办的大事的意见。节假日在外工作的孙辈们到爷爷奶奶处坐坐，捎带点滋补品、可口的小吃等等。爷爷虽然现在有些耳背，但小辈们一到，总是神采熠熠、笑容满面地听着。就连曾孙们在学校里小孩间的趣事也听得津津有味。浓浓的亲情，暖暖的爱意。碰到爷爷奶奶偶尔身体不适，爸爸叔叔们早排好了轮流看护方案，生怕有个闪失……

日子就在这些琐碎的小事中，就在平平淡淡中从指缝间溜走。迟暮的爷爷奶奶也就这样平常地过着他们的余生。我们小辈对他们唯一的祝愿就是——健康快乐！

剡 溪 谣

裘一琳 / 文

山不高兮聚雨滴，源自出兮曰剡溪。
水顾眷兮三乡镇，流非远兮五十里。

石板岭上山峦丽，百十小涧汇成溪。
青峰排挞欢相送，清淙委蛇荡涟漪。

富春一江拥十溪，剡溪虽小算一支。
宽窄深浅无须论，时序有别各参差。

剡名掌故非郡地，盖因环山一裘氏。
来自会稽剡溪畔，故土浸血心难离。

富春巨族千年基，傍溪繁衍数第一。
门前潺湲先贤爱，拜用故源以名之。

流源虽短莫小视，三乡赖此得生息。
世代农耕保灌溉，更育产业史称奇。

上官坐落山无计，一年鲜笋充四季。
舟筏虽杳人不忘，竹曾兑粮度荒饥。

山产得靠不忍弃，竹制球拍促经济。
转型提升规模巨，年产羽柄几十亿。

龙门尤为世所知，聚居吴帝众孙裔。
三国古风今尚在，战马水师申非遗。

旅游活镇着妙棋，孙权美名扬旌旗。
八方宾朋争相近，溪水欢唱迎客熙。

四面环山不得力，庶几全乡依溪立。
旱枯雨涝犹坚劲，不教穷酸烙永记。

变革迎来发轫期，冶炼撑开摇钱枝。
变废为宝兴钜业，百姓致富享盛祺。

剡溪并非向来碧，一度污浊呕血泣。
寸草不生鱼虾灭，毒汁汪洋行人避。

五水共治堪幸喜，各方合力投巨资。
砌石植树固两岸，绿茵重回花满堤。

昔日雀禽复展翅，锦鳞畅游显生机。
沧浪入江东流去，剡浦渔歌今又起。

新谣翻成赋胸臆，讴功颂德岂无词？
晚生狂狷歌一曲，剡溪烟波是我诗！

　　注：浙江省杭州市富阳区剡溪，系富春江支流之一，发源于富阳区上官乡石板岭，流经上官、龙门、环山三个乡镇，于环山乡中埠村剡浦口汇入富春江，全长约25千米。据考，一千多年前，富春裘氏从绍兴剡溪流畔迁徙到环山乡落脚，从此繁衍生息，成为当地的第一大族。先民思乡心切，情牵故土，遂将村口溪流命名为剡溪。古往今来，剡溪作为沿溪三个乡镇的生命线，滋养了当地的人文生态，推动了产业的发展。在改革开放初中期，当地在粗放型的炼铜业、球拍业等民营经济发展过程中，对溪流造成了极大的污染。由此，从2014年开始，三个乡镇积极响应"五水共治"的号召，励精图治，合力改造，全面恢复了剡溪流域的生态环境质量，使得剡溪重新焕发勃勃生机。

杭 州 赋

裘一琳 / 文

　　美丽杭州，东南名郡；两朝京师，九世乾坤。地灵人杰，饮誉古今；天城华贵，称著世闻。辖十区忝三县市，襟三江而带两湖。湾含东海，地接沪宁；天堂胜景，满目迎熏。处（矗）钱塘江之落端，潮涌天外飞瀑；起（屹）大运河之南肇，航扬隋唐旌魂。曾兴汉末一鼎——春江瓜州，孙权故里；豪侠争雄，东吴帝君！更有明圣一湖，水光潋滟，山色空濛；晴好雨奇，四时如春。河坊幽境，柳浪千寻；西子妆罢，浓淡咸匀。钱王射潮，平吴越黎民忧患；高宗渡河，启南宋歌舞烟云。山寺寻句，郡亭观潮，此白乐天之最忆也；绿心荡漾，堤柳扶疏，乃苏东坡之雅勋也。凤凰揽月，黄龙涌金；巷陌桂香，湖塘荷馨。雷峰倒而今重铸，十景呈而数番新。

　　美丽杭州，首善之畿；山水相依，湖城合璧。兼容并蓄，四方来仪；物华天宝，居游皆宜。荡舟湘湖，留诗西溪。新安永济，临安不逝。虽无高山仰止，却不辞严滩钓矶；纵有碧水长川，又岂舍富春山居！二十国峰会，花落杭州，西子湖畔中国发声；十九届亚运，焦聚省会，摘金夺银精彩可期！享一湖六桥之皓月渔歌，但觉心旷神怡；叹三江两岸之奇山异水，不愧人间瑶池！

　　美丽杭州，钱唐古城；底蕴深厚，造化钟成。孙钟瓜地，公望隐庐；吴帝裔存，山居绝胜。丝绸之府，鱼米之乡；经济重镇，文化大邦。始皇置郡，繁历两千两百多岁；人文发祥，何止良渚五千余载！跨湖桥，八千年遗址，开启华夏文明曙光于浙水之滨；梦复兴，八百万儿女，践行科学发展理念于吴越大地。曾叹息，时过境迁，物换星移——悲保俶之屡毁，仅留得纤声软语，诉武林旧事；惜皇城之偏隅，犹可胜秦淮烟柳，问苟安几日？今请看，城乡统筹，风流独帜——以大气开放而涵多元文化，因博大精深而融三教九义。战略西进，全民福祉；"三区"示范，"三型"立市。"两山"金声，玉振城乡；百川剿劣，"五水"共治。喜断桥不断，孤山不孤，欣逢盛世，此乐何极！

　　美丽杭州，梦想殿堂；精英辈出，良才高翔。仲谋三国称雄，东吴文武业照汗青；昭谏十试不第，晚唐诗风荡气回肠！古往今来，勾诸多文人墨客，临湖畅思，挥毫铿锵——林逋诗、柳永词，百世华章各擅胜场；近当代间，拥浙派名家大儒，教化开风，才情远扬——周树人、郁达夫，国学巨匠一时瑜亮。更具剑胆琴心，风骨清亮，品行高洁，自古有样——武穆屈冤，不移报国精忠；于谦死难，宁存石灰清香！精神砥柱，民族脊梁，一脉传承，代代弘扬。道德高地，慷慨热肠；扶危济困，大爱无疆。最美人物，慈怀暖阳；仁举盛德，百世流芳！动漫休闲，爱情时尚；名城风范，世人共仰。和谐之都漾幸福，品质之城矗东方！

美丽杭州，绮梦担当；国之瑰宝，万世颂唱：

扶摇江城四季花，
接岸碧波绿无涯。
敢夺天工造物斧，
绝胜子久传世画！
参差闲居百万家，
吴越都会自繁华。
美丽杭州中国梦，
使命并肩你我他！

富 春 江 赋

裘一琳 / 文

壮哉春江，源远流长！西肇皖涧，东汇钱塘；百里沧浪，衔贯三江。峡谷宽流，四季浩荡；造化钟灵，独绝东方。青山隐隐，碧水泱泱；两岸繁密，市镇铺张。黄金水道，百舸笛扬；风光旖旎，游人盛旺。迎源头碧水，醉美浙水中躯；积江渚沙洲，沃灌桐庐富阳！富春江畔，鱼米之乡；天堂胜景，目悦心赏！

厚哉春江，人文馨香！高士隐庐，吴帝故乡；富春山居，画冠公望。子陵不仕，蔑公侯狂奴故态；客星披裘，逸林泉山高水长。权祖种瓜，崛王洲金戈铁马；仲谋挥师，鼎三国百世流芳。墨客羁旅，诗词赋唱；豪儒润笔，一江文章！古往今来，留两千余篇传世佳作，成就浙西诗路；山水合璧，圆六百多年水墨长卷，慰藉台海离伤。郁华达夫，春江儿郎；琴心剑胆，风骨清亮！青峰笔峙，如列巍甲无惧东倭西鞑；鹳山稽首，犹迎双烈魂归血冢亭廊。一川毓秀，灵脉贲张；才俊辈出，珠玑琳琅！

美哉春江，世人共仰！稻熟渔丰，物阜民祥；百姓生衍，无穷给养。江中鲥奇，山顶茗香；四时殷实，百代行商。开放先行，经济创强；产业兴域，大气磅礴！地灵人杰，赞桐庐手工纤笔，全球共享；物华天宝，叹富阳竹纸元书，驰誉殿堂。水陆通衢，区位显彰；新城繁华，明珠缀江。三江整饬，两岸新象；五水共治，东流清漾！

美丽春江，堪当赋唱；是为礼赞，歌以颂唱：

子陵当年垂钓纶，千古江滩属严君；

子久痴心更无俦，椽笔丹青写富春。

秦山晋水孕帝郡，如画如诗迎面熏；

最是潇洒舫上客，渔歌一曲酒一樽！

老屋留记

裘一琳 / 文

按年龄说，老家的老屋，其实还并不老。

我今年48岁，老屋是我7岁那年建成的。小我7岁，当然还不老。

只是相比当今农村的钢筋水泥丛林，以及装修一新的楼房而言，老屋确实是老了。它通体泥墙护身，内架是木结构，两层低矮的个儿，显得佝偻早衰。岁月的斑驳侵蚀，显现在墙体的裂缝上，瓦鳞的参差破碎上，还有窗棂的锈迹上……40年前鹤立鸡群的堂屋敞房，如今阴蔽在高楼大厦中间，使得老屋除了对着大门的堂前还有一抹亮色，其余空间都得开灯采光，愈显老屋的晦暗、陈腐。

老屋要拆了。

上周六，现任老屋的房主大哥、大嫂，烧了两大桌好菜，叫我们在城区生活的几兄弟一起回家聚餐，权作与老屋的饯别、留念。村里出台了新政，只要拆除老屋，就能给新批宅基地。早该开基另建的大哥一家，终于有机会可以告别泥房，到村外规划区建造现代化的新住宅了。

那一晚，我们吃、喝、聊得都很尽兴。尽管平日里也喜欢几家子聚到老屋里吃大哥大嫂招呼的美食，推杯换盏间话题天南海北，大家在意的是那份融融的亲情，而关注点绝对游离于头顶这座颤颤巍巍的老屋之外。这次可不同了，大家的话题自然而然集中到老屋身上。抚今忆昔，言语间不仅多出了各自对老屋的眷恋，甚至由屋及人，谈到了曾经在老屋里生活过但已离我们远去的爷爷、奶奶、母亲和我们的小妹。

7岁时的我已经记事，所以老屋从新起到衰落的一切历历在目。造一座三开间的石基泥墙木柱瓦房，在1974年的农村，是一件震撼人心的大事！那时候，上有爷爷奶奶，父母亲生养了我们五男一女6个孩子，全家10口人，仅凭在乡镇工作的父亲一个人拿工资生活。一家人挤在民国时期建造的老房子里，已是逼仄不堪，仿佛夜间的鼾声就能把老房子震塌喽。于是父母亲咬牙举债建房。

学龄前的我帮不上什么忙，但喜欢看热火朝天的建房场面。帮工们夯墙时有节奏的号子声,木匠用大斧子劈木料的"汤汤"声,还有敲锲入榫的"咚咚"声,对我来说是多么的新奇。那几个月里,我常常趴在老房子的窗口呆呆地听着、看着,并幻想着自己入住这样的大房子该是一种怎样的气派,以至于好长一段时间把身边的伙伴撇到爪哇国去了。

人口多、底子薄,所以我们家在新房造起了三四年后,才分好几次完成楼板的安装工程,我们才算真正拥有了"楼房"。而建房时所欠下的钱粮债,是直到1981年分田到户后才逐渐了清的。

建房时,大哥15岁,已经能在课余时间帮忙出力了。二哥、三哥也很懂事,尽管还干不了大的体力活,但递递送送的活已是做得像模像样,我很眼红哥哥们能为建房尽心尽力。作为家中小五,在我们五兄弟的成长经历中,我为这间房子出力最少,但要数托庇于这间房子最多的应该是我。

20世纪80年代初,随着电影《少林寺》的公映,全国掀起了武术热。我生性好动,就在这间房子里跟三哥学会了武术入门套路"四平拳"。而后又买来了《少林寺拳棒禅宗》等书籍,一个人躲在楼上自学书上的套路、动作,在暑假大热天里仍坚持不辍。我那所谓"夏练三伏"的傻劲,被哥哥们说笑了几多年,但这段经历,多多少少给了我不屈不挠的意志锻炼。

从小学四五年级开始到高中毕业,我在这间房子里读遍了父兄的所有藏书,包括一整部《鲁迅全集》(当时有十来本精装大部头,可惜后来散逸掉了,要是还在的话,该是传世家藏了)、文史典籍和小说杂志。这些文字深深影响了我的人生,以致我工作至今始终干的就是码字的活儿……

拆除老屋的日程已进入了倒计时。

人有时候真的很奇怪,我们五兄弟聚在一起的时候,经常提起什么时候大哥能营造新宅,把老屋拆了变道地,而且希望这一天早点到来。然而,真到了要拆掉老屋的时候,又心生许多的不舍来。这大概就是人的情感使然吧。现在看老屋,老屋就像是和我们一起相处了40年的好兄弟,临行临别,眼里、心里味道就不同了。相信作为家主的大哥大嫂,或许心里比我们更多一份眷恋。

　　建房 11 年后，大哥在这幢房子里迎娶了大嫂，从此生儿育女，柴米油盐。接着，二哥也在这屋中成了家。等到我们后面哥仨成家立业，已经是改革开放如火如荼之时，我们有幸做上了"公家人"，并在城里有了各自的小天地。后来二哥也乔迁了新居，老屋就住着大哥一家。大哥说，这老屋不简单，从这里"走出去了很多人"。是啊，我们都是在这里生活、成长，然后各奔前程，开枝散叶。如今家族欢聚，数一数竟有 20 多口人了！前几年，大哥在老屋中嫁了大女儿，又送儿子参了军，老屋里喜事不断，充盈着欢声笑语。

　　值得一提的是，我家五兄弟中还从老屋走出了一位大学生。1984 年夏，我四哥考上了杭州大学法律系，他是改革开放后我们老家考出去的第一位大学本科生。

　　今天，又是周六，我回家为老屋拍下了许多照片。大哥大嫂一直忙忙碌碌在清理家什物件，为拆除做准备。老屋已完成了它的历史使命，是该到告别的时候了。想想今后大哥大嫂一家将拥有窗明几净的新楼房，心里就暖暖的，到那个时候，大哥的新家又将是我们家族欢聚的大本营。

　　老屋是我们一大家子人的共同记忆，早已深藏在我们的心灵深处。今后，在这方地基上，除了停车位以外，还会出现绿树红花，将我们的家园装扮得更加美好。

"我们值得更好！"

——浙江 16 岁高一女生创作歌曲鼓励全民抗疫

裘一琳 / 文

庚子冬春跨年，一场突如其来、态势凶猛的新型冠状病毒感染的肺炎疫情阴影笼罩全国。面对疫情，我们同舟共济、众志成城！

"大家都努力啊，所有人都坚持啊……我们一定会好，我们值得更好！"2020 年 1 月 25 日正月初二，正当全国疫情面临严峻形势的危急时刻，一首正能量歌曲却在浙江杭州富阳人的朋友圈流传开来，并随着各大媒体的广泛传播，迅速在华夏大地广为传唱。一个婉转清亮的女声，在歌声中不停地鼓励大家"大家都努力啊……明天一定会更好的"。

这首歌名叫《我们值得更好》，是由浙江省杭州市富阳区一名 16 岁的高一女生创作的抗疫歌曲，她的名字叫裘小艺。日前，笔者通过朋友圈的介绍，了解到这首歌是她为了鼓励大家共同抗击当前严峻的新型冠状病毒疫情，而在正月初一晚上"激情创作"的。辗转多处，笔者很快就联系上了裘小艺的父亲、杭州日报传媒有限公司富阳分公司总经理裘一琳，向他了解了更多关于他女儿创作歌曲的背后故事。

裘爸爸说，"裘小艺"是女儿的真名，她在 2019 年中考时，以优异的成绩考入杭州市富阳区新登中学音乐特长班，目前是一名高一学生。在校除了学习文化课，还主修声乐、钢琴、视唱练耳等专业技能。裘爸爸说，自己是一个从事媒体工作 30 年的"老兵"，有很深厚的家国情怀。1 月 24 日大年三十，他带着家人从富阳城区回到老家环山乡，去和年逾八旬的老父亲团圆守岁。疫情当前，他一直跟女儿聊新闻、谈论当前全国的疫情以及广大医务工作者"逆行"抗疫的感人事迹。"我跟女儿说，这种时候就能看出咱们中国特色社会主义制度的优越性，在我们的社会主义大家庭当中，每个人都在出着一份力，齐心协力抗击疫情，要相信中华民族一定能够取得抗击新型冠状病毒疫情的伟大胜利。"

言者无心，闻者有意。特别是裘爸爸这句"每个人都能出一份力"的话，钻进了小艺的心里。让裘爸爸"万万没想到"的是，正月初一晚上 11 点左右，女儿拿着一页纸来找他，说"爸爸，这是我写的歌"。裘爸爸拿过来一看，整首歌笔头虽然稚嫩，但字里行间都表达了女儿对亲人、朋友、同胞的关心和鼓劲，充满了正能量。尤其是看到"我们一定会好，我们值得更好"的词时，裘爸激动得流下了眼泪。"她以前也写过歌，但没有过像这次一样，在1个多小时里一气呵成写出这样情感真挚的歌曲，这点让我特别激动。"

因为老家没有钢琴也没录音设备，当晚，他就决定"土法上马"，让女儿用手写把词曲工整地抄写在一页A4纸上，然后让她把这首歌清唱出来，自己则用手机录下视频，发在朋友圈和微信群里。裘爸说："当时俩父女只想着尽快把歌曲传送出去，让沉浸在惊恐、焦灼心态中的人们，第一时间受到鼓励，千万要坚定信念，决不放弃希望，相信我们一定会好，我们值得更好！就这样，直到凌晨3点多，我最后一条歌曲信息在朋友圈发出，女儿才安心去睡觉。"

这首深情款款的清唱歌曲，第二天一早就在当地的微信朋友圈流传开来。接着，富阳日报、富阳新闻网、富阳广播电视台、浙江日报浙江新闻网、天目新闻客户端，以及今日头条、网易、新浪、腾讯、百度等多家媒体相继报道了裘小艺的创作故事，向全社会传递她的心声。

2月1日，正月初八，台湾地区《新生报》编辑王辉丹通过裘一琳的微信朋友圈，了解到裘小艺创作抗疫歌曲的故事，直接联系了裘一琳，并做了电话采访。2月3日，在王辉丹的推广下，台湾地区"中文网""中南海网""中华新闻网""指传媒"等网络平台陆续刊发了这一消息，一天时间阅读量就达到20多万。

裘爸爸对这首歌的评价很"专业"：这是一首清唱的歌曲，音质稚嫩，录唱粗糙，歌词也显得简单，但正是这份朴素，更显女儿的真挚情感，动人心魄。尤其是副歌部分反复出现的那句"我们一定会好，我们值得更好"，格外打动人心，给人鼓舞。

裘小艺是此次抗疫全民战争中，全国第一个创作歌曲并且通过网络传唱的中学生。

"她在全民抗击新型冠状病毒疫情的关键时刻，发挥了自己的特长，做到了一个新时代中学生应该做的事，体现了年轻一代的使命担当，我感到很欣慰。"裘爸爸说，只要条件允许，他会想方设法联系音乐制作公司，把女儿的原创歌曲真正变成音乐作品，在中华大地上传唱。

随着疫情的消退，全国第一首中学生原创的抗疫歌曲《我们值得更好》于 2020 年 2 月正式录音，并经中国著名音乐电影 MV 导演郑浩担纲艺术指导、总监，制作成高清视频。3 月 28 日，歌曲登录"学习强国"平台。2020 年 5 月 11 日至 15 日，《我们值得更好》入选中国教育电视台"全国校园抗击疫情主题原创歌曲 MV 展播"，在"同上一堂课"栏目中连播一周，并被中国教育电视台专家组评为优秀作品。

如今，裘小艺创作的抗疫歌曲《我们值得更好》，经国家顶级媒体平台的传播，让更多的人听见了她的歌声，也给更多的人送去了一份"共克时艰"的乐观与勇气。正如裘小艺所希望的，在全民参与、全线奋战下，这场"看不见硝烟的战争"一定能够赢得彻底的胜利！

歌曲：

《我们值得更好》

词 / 曲 / 唱：裘小艺

我的亲人啊，你还好吗，是否依然别来无恙？
我的朋友啊，你知道吗，我一直在想念你们啊。
我的同胞啊，别担心啊，要相信一切都会过去的。
其实你们都明白啊，明天一定会更好的。
大家都努力啊，所有人都坚持啊，
不要放弃每一粒光芒，胜利就在前方。
我们一定会好，我们值得更好，
一定要勇敢并肩前往，团结现出力量。
我的母亲啊，你累了吗，别轻易放弃每一个人啊。
也许这就是力量啊，彩虹一定会出现的。
大家要挺住啊，全线在奋斗啊，
谁不怕生离死别，却更向往一起闯。
大家都努力啊，所有人都坚持啊，
不要放弃每一粒光芒，希望就在前方。
我们一定会好，我们值得更好，
一定要勇敢并肩前往，团结就是力量。
团结就是力量！

那个朝代

裘星一 / 文

　　我奶奶在我爹十二岁时就死了，没留下一张相片。我对我奶奶的想象，是基于我爹回忆时的只言片语。我爹说起我奶奶短暂的一生时，总是唏嘘不已。

　　我奶奶要出嫁了，我的大地主外曾祖父，便张罗着给千金做嫁妆。他雇来了龙门最好的细工木匠。师傅姓谭，不知是何方人士，带着几个徒弟，在春江两岸吃着百家饭。谭师傅和徒儿们从立春开始，在祠堂里乒乒乓乓做了五六个月，奶奶不曾去看过一次。快完工的那天，奶奶却一脚跨进祠堂。她去找猫的，猫没寻到，倒被半祠堂的家具惊得合不上嘴了，她甚至还好奇地要求看看谭师傅的一双糙手。她不明白那么粗糙的一双大手，竟能将五大三粗的树木，镂刻雕凿得风起云涌、百兽鲜活。

　　奶奶一件件打量着，抚摸着，转到那只脸架前时，双手护住了嘴巴。她发现了那只摆在脚柜旁边的脸架。脸架修长匀称，在大堆家具中，显得突兀而又抢眼。奶奶竟有些责怪起自己来：为什么没第一眼就先看到它？

　　脸架是用上好的小檀木做就的，结构简约明快，线条流畅优美，状若英文字母 L。镜背上部略呈橄榄型，一面小镜镶嵌其中，小镜四边是四组花鸟浮雕。架座和镜背由六根上翘的小檀木支撑着，在六根小檀木的上部和下部，很巧妙地构榫着两个星状形的架子。显然，这是用于摆放脸盆的。脸架还没刷上油漆，已是十分精巧优美。特别是那两个星状搁架，都是直线、斜线，却和整个脸架的弧线协调、一体。

　　奶奶的目光一直怔在两个星状架子上，她从没见过这样的东西。"小姐，这是五角星。"她忽听得有人在耳边轻声说，侧脸看，是谭师傅。奶奶重复一句："五角星？""是的，五角星。"谭师傅说得很轻，语气却很重。他还左右看了一下，指着两个五角星，又说，以后的朝代就是这个朝代！奶奶再次用手护住自己大张着的嘴巴，一双漆黑而又惊奇的杏眼，定格在 1931 年的那个黄昏。

"你不要不信，你是看得到那个朝代的！那个朝代会很太平，人人有饭吃，有衣穿。"谭师傅说。

我奶奶在花烛之夜，指着脸架，对我爷爷说了谭师傅的话；

我爹咿呀学语时，我奶奶指着脸架，对他说了谭师傅的话。

爹两岁时，我爷爷得病死了；爹十二岁时，日本鬼子杀进了我的家乡环山。

奶奶急忙关了店门，一手拉着我爹，一手提着皮箱，逃难了。母子刚出村口，想往山里逃，鬼子已追到脚后跟了。娘俩一头钻进了村口的乱坟堆。爹还没蹲下身，鬼子就围上来。他们咿哩哗啦叫喊着，刺刀、枪口，在面前晃来晃去。娘俩抱成堆，簌簌地抖。一个握着指挥刀的鬼子，指着皮箱对奶奶吼叫，奶奶终于明白了他的意思，慌忙开皮箱。这家伙嫌慢了，一刀劈向皮箱。刀的前半部分劈进箱盖，陷入箱内。他拔出，将劈第二刀时，奶奶终于打开了箱子。在奶奶掀起箱盖的同时，日本鬼子轰炸珍珠港的第一枚炸弹正屙出飞机肚子；细工木匠谭师傅正在双林村边的一条水沟旁，一斧头劈死了一个掉队的日本鬼子。

皮箱里是些衣服裤子，洗漱用品，还有一块银圆。在乡下，鬼子们难得撞上银圆。握指挥刀的鬼子拿起银圆，像个地道的中国小贩一样，向银圆吹口风，放在耳边听一听，又咬一下。"哟西哟西！"他很满意，银圆放入袋，手一挥，鬼子们开路了。被鬼子掳掠过后的箱子，我爹说，像一群野狗掰过一样！

鬼子走很远了，娘俩还瘫坐在坟地。奶奶拍着胸口为自己庆幸，菩萨保佑！菩萨保佑！母子平安，免遭了鬼子的毒害。那时，鬼子奸淫妇女，家常便饭。有的施完兽行，还起身一刺刀就把人挑死了。爹说："银圆被抢去了，你还高兴？"奶奶说："银圆没了还可以再去赚，人活着就好。"

爹摸着皮箱盖上长长的刀口，问奶奶："那个五角星的朝代会有日本鬼子吗？我们还会逃难吗？"奶奶说："那个朝代是很太平的，人人有饭吃，人人有衣穿。"爹摇着奶奶的大腿反复问："谭师傅真的是这样说的？"奶奶用力点点头。爹终于放下了心，但他又接着问："那，读书呢？是不是人人有书读？"奶奶愣了好久，说："读书？谭师傅可没对我说。""银圆抢去了，开学时我拿什么去缴先生的学费？"爹流着泪说。奶奶给爹擦泪水,安慰他:"我把家里的搁橱、脚橱卖了给你缴学费。"爹说:"不要卖,是谭师傅做的,我宁可不读书。"奶奶骂爹:"不读书是孬坯,书一定要读!"

爹希冀的目光眺望着远山上的一片霞光,仿佛那个朝代正藏在霞光中。爹说:"姆妈,你让那个五角星的朝代快点来呀!"奶奶摸一下爹的额头:"你不发烧吧?我又不是皇帝。再说,到哪朝哪代读书总是要缴学费的。"爹叹息:"不要交学费该有多好!"奶奶嗔道:"你这孩子!吃了五谷想六谷。"爹收回目光望着奶奶:"姆妈,你去问一下谭师傅,那个朝代是不是人人有书读,读书究竟要不要缴学费的。"奶奶答应,一定去问个明白。

有关那个五角星的朝代,奶奶和爹在坟地里畅想了许久,直到天暗才回了家。后来,奶奶专程去了几趟龙门娘家,找不到谭师傅。有人说谭师傅是个地下党员,粟裕的部队经过环山龙门时,他跟部队去了。其时,奶奶的娘家已破落,一半是大舅公赌光了家产,一半是日本鬼子的烧杀抢掠。奶奶得不到娘家的一点儿接济,日子更加艰辛,爹读完小学第三册后就辍学了。他是个爱读书的人,辍学后变得沉默寡言,天天坐在门槛上,双手托着下巴,细看从街上过往的每个行人。凡有陌生人经过,他总会上去问人家:"你是谭师傅吗?"

日子过去好久了,终没等到谭师傅。日本鬼子仍然隔三岔五来江南扫荡抢掠,奶奶和爹继续逃难。由于慌恐、惊吓,又加奔逃劳累,奶奶突发小肠气,没钱治,活活痛死了。奶奶临死前对爹说:"那只脸架,那只皮箱,你要好生保管着。那个朝代,我是看不到了,你要好好活着,等着那个朝代!"

如今,那只皮箱已十分陈旧,表皮老化脱落,但箱盖上的刀疤依然。那只脸架除了一只脚霉烂外,其他仍完好。它已不再是一只脸架,而是成了我家的一件圣器。

国庆六十周年那天,我们都在看阅兵式的实况,我爹自言自语:"不知谭师傅是否还健在?"我儿问:"哪个谭师傅?"我说:"儿子,跟我去看一件东西。"

墓地阳光

裘星一 / 文

　　每年的清明节，是我们祭拜列祖列宗的日子，也是我们一家子最累的日子。

　　我家祖宗多，有亲祖宗，也有非亲的祖宗。非亲的祖宗中，有继爷爷，有保姆，有不知姓名的荒野遗骸。祖宗多了，坟地便也多，东山一墓，南山两茔，西一拜，北一谒，三两天时间忙不完。自从有了清明节这个假期，上坟扫墓就从容了，不再像打仗一样。

　　我家最远的坟地，在常绿镇的北坞山上，那里埋着保姆满菊阿婆。十多年了，每个清明节我们都去祭奠她。儿子在美国读书的那五年，每到清明，他都会提前打电话来，让我们别忘了给阿婆上坟，别忘了替他墓前拜谒。

　　儿子对保姆阿婆的感情，超出了他对亲婆婆的感情。他小时候，有邻居调侃他："用一支冰棍换你亲婆婆行吗？"儿子说不行。"两支呢？""不行。""三支呢？"儿子点头了，众邻居哈哈大笑。笑完又问："那用三支冰棍换你满菊阿婆行吗？"儿子吼道："不行！""十支二十支一箱呢？"儿子尖叫："不行不行不行！"还抡起两个小肉拳，往邻居腿上砸。砸完，又转身抱紧阿婆的腿。

　　满菊阿婆也笑了，她的笑与邻居的笑不一样。

　　我儿子对她这种超血亲的情感，是从一把屎、一把尿中慢慢建立起来的。儿子刚满三个月，满菊阿婆便来我家做保姆。那时她还不到六十岁，我们跟着儿子的辈分叫她阿婆，她却叫我们姑夫、姑姑。因为她在我小舅子家做过保姆，所以她跟着我小舅子女儿的辈分这么叫我们。这样的称谓外人听了一头雾水，我们让她叫我们姓名，她却坚持要这么叫，而我们也没法改动对她的称谓，不管是阿姨还是婶婶，都无法与姑夫、姑姑的称谓相对应，我们总不能把她当侄女叫吧？于是，就顺了她，别扭就别扭，让人家去发蒙。

　　满菊阿婆来到我家，立即就接管了所有的家务，我和老婆成了甩手掌柜。我每月发了工资，给阿婆五百元，一百五十是她的工钱，三百五十是伙食费。起初她说用掉的钱她会报账的，我们说不用报，用了不够再向我们要。那时我家还住在小花坞里，阿婆为了买到便宜的好菜，去城东批发市场买。那么多的路，我们让她乘三轮车，她却说："乘三轮车来回要六块钱，我可舍不得。"老婆说："不是用你的钱乘车，是让你在伙食费里开支。"阿婆更肉疼："那不行！我们宝宝会少吃好几餐肉。"

她的话挺家常，却让人往骨子里暖。

我们搬过四次家，第四次搬家时，阿婆已经不在了。搬一次家换一回邻居，每到一处，邻居们总会夸我们家阿婆。她不光搞家里的卫生，也搞整个楼道的卫生；会帮着照看邻居的孩子；会做好南瓜饼、番薯糕让邻居们分享。有了阿婆的勤劳和大方，邻居之间更友好融洽了。有凑在一起神聊的；有拎着酒瓶，端来好菜，拼桌吃喝的；有端着饭碗串门，见了好菜会夹上一筷子的。现在我家住着的房子，比以前更大更高档，邻居们也是友好的，但不串门，更不要说拼桌吃喝了。我老婆很怀念以前的生活，和我说起，要是阿婆还在，邻里肯定不是这个样子的。

我打麻将赢了钱，会给阿婆一点，让她也开开心。老婆出差回来，也每次给她买点吃的用的。到了年底，我们家还评勤劳奖、节约奖、饭菜美味奖，阿婆年年满票得了这三个奖。回老家去过年，是阿婆最开心的时候。穿上新衣，带上大包小包的过年货色，坐上我借来的轿车，一路风风光光地回家去。

不知不觉间，满菊阿婆来我们家已有十年。有天，她心事重重地说："你们不要让我回去！我老是老了，但还做得动。我不要工钱，就让我待在你们家好吗？"我老婆说："没让你回去呀，我们从没有这样想过。""那我放心了。"阿婆笑了。我说："阿婆今后不许这样想了，你就好好住着吧！你老了，做不动了，我们会服侍你。"我说完取出钱来给她，她不解，我说是这个月的工钱。她说还没到日子呀。我说发工资的日子提前了。

上了七十岁后的满菊阿婆，常常说一句话，活要活得健，死要死得快。七十二岁那年，死亡果然来得像刀一样快，心肌梗死瞬间劫了她的命。我儿子小小的心灵，无法承受他生命里经历的第一次生离死别。上课时，一人独处时，他都会默默流泪。至今他还珍藏着阿婆给他缝制的那只小沙包，想阿婆了，便拿出来捏着，好像捏着阿婆的手。

后来，我们家又请过三个保姆，儿子都不甚满意。问其原因，他说她们身上没有阿婆的气味。

这个清明节，从纽约回来的儿子赶上了。我们先去常绿北坞，然后再去环山老家。满菊阿婆的墓穴在山顶上，我们到达那里的时候，刚好看到一缕阳光，从两片云层的中间穿透出来，直直地照耀在阿婆的孤坟上，像舞台上的射灯一样，把坟上的几株青草、小笋，照得格外鲜亮翠绿。我们和阿婆的子孙们一起伫立良久，等这缕阳光移去后，才开始祭奠。

下午，我们又赶去环山老家。狮子山脚下的这片坟地上，埋着我的曾祖父、曾祖母和两具无名氏遗骸。这两具无名氏遗骸是改山造田时，被人挖出遗弃，我的爷爷奶奶将遗骸收拾了，安葬于我家坟地，从此成了我家祖宗。

摆好祭品，儿子对无名氏祖宗说："祖宗，你们吃吧！拿吧！"这祭祀语，他是从我这里学去的，我又是从我父亲那里学来的。因为他们（或者她们）无法命名称谓，所以只能统称为祖宗。

我们离开坟地时，阳光再次出现，这回，它照耀在我们的身上了。

我们去飞

裘星一 / 文

我娘摊上了恶病，是那种吓上几个月，就会双脚一捆的恶病。

我拿着各种检查单，走出医生办公室，指着"CA"对弟兄姐妹们说："这个恶鬼找上我娘了！"大姐首先尖叫："别告诉娘！"我说："那当然！医生说最多还有半年的时间，那么大年纪，也动不了手术，大家小心着侍候娘吧！"我们在进入病房之前，都极其用心地调整了一下自己的神情。

我说："娘你身体好着哪！便血没啥的，只是虚弱而已，医生让你住下来，把身体补好了就没事。""我回家补。"娘接口挺快，说完便下床收拾东西。大姐抢上去阻止她："你不晓得怎么补的。还是住院听医生的吧。"娘嘿嘿一笑："炖它三只神仙鸡。"小妹说娘你这是瞎补嗬，小弟也拿医学知识开化娘，可娘一句也听不进，还嚷嚷着说我们都被医生蒙了！"医生说身体好着嗬，好着又为啥要住院？不就是为了赚我的钱吗？不住不住，我才不上这个当！"说完又收拾起来。弟兄姐妹都傻了眼看我，我不由地叹服，我们不如老娘，老娘神逻辑！束手无策间，心一横，我拿出化验单指着"CA"给她瞧："娘你知道你得了啥，你得了个'老不厌'，在肝上！"娘只是"啊"了声，既不惊慌又不害怕，眼神中只有一丝惊讶而已。

"老不厌"是我家乡的土话，我也不知道是否是这三个字，但可以断定它是一个代词，我爹娘常用，用在那些不得不说，却又要忌讳的事物上，比如鬼呀癌呀之类的不祥之物。某人挺邪乎，我娘会说，"老不厌"附在他身上了；某人癌症死了，我娘会说，他得了"老不厌"死掉了。从用语习惯来看，我相信我娘是害怕"老不厌"的，但她的反应却惊得我下巴都差点脱臼。她说："我八十多岁了，医院大门朝南朝北我都不晓得，第一次上门就给你来一刀，傻儿子呀你肯定是着了医生的当！像我这样相信菩萨的人，像我这样好的人会得'老不厌'？前天我还去天钟山拜菩萨，上山走得飞快，她们说有菩萨在推我，保佑我的。我会得'老不厌'？回去回去！"小妹在床沿拦住娘："你已经有医保了，不用担心钱！"娘还是挣扎着要下床，小弟一脚踢开了娘的鞋子："医保用完了，其他所有的，我和哥都会包掉，你怕什么？"但是，娘仍然要下床回家。

我把娘按住，问她想不想上天入地。娘一愣，赶紧缩回床上去。小妹暗暗给我伸了下大拇指，我没有得意，心里仍有无限的愧疚和悔恨。从小到大，一直以为爹娘的唯一生活，便是围绕着他们的五六个儿女，甚至儿女都成家立业了，他们仍然像"土卫六"一样紧紧围着土星转。

直到前天，我才发现娘也有自己向往的生活。

在前往区人民医院的路上，娘问我怎么会有那么多的工地，到处都在拆呀造呀？

我瞄了下后视镜，见娘侧脸盯着车窗外，一脸的兴奋与疑惑。我告诉她："自从撤市设区后，整个富阳就是一个大工地。你看我们乡，都成了各种交通的枢纽。原来有320国道，现在有杭千高速，还有杭黄高铁、绕城2号线。哦，对了，天上还有一条飞机的航线，也在我们头顶上飞来飞去。"

娘像个新奇的孩子，竖着耳朵亮着眼，两个嘴角，还随着我说出来的新名堂，在一颤一抖地念叨，"枢纽、高铁、绕城、飞机。儿呀，从飞机上看下来，能不能看到我们家的？"我被娘问住时，心中忽地闪出一个片断：有次回家，四处找不到人，跑入院子里找，发现娘坐在院屋的顶上，仰头盯着天空。蓝天中有一条飞机留下的白带，正在慢慢消散。我吓出一身汗，问她爬那么高干什么，让她赶紧下来。她说没事，她经常爬的。下了梯，娘问我："飞机上天时，它是平的升上去呢，还是斜的抢上去的？"我说是斜着抢上去的。娘大惊："那飞机上的人还能站住？都要掉下来了！"我努力克制住笑意，说："富阳马上要造飞机场了，到时我带你去坐一回，你就全明白啦。"娘听了，欢喜得像个孩子。我极少回家，但回去一趟，娘就会问机场造了没有，直到机场造在了萧山，娘也就不再问起。那时我有了想法，找个机会带爹娘去乘回飞机，但始终未如愿，主要原因还是我没把它当成一件重要的事。

爹来电话让我们给娘看病时，我就想好了，看完病后一定要带他们去乘乘飞机，跑几个他们心仪的地方。

我对娘说："天气好的话，飞机上看下来应该看得到我们村。它下降到我们这里时，只有一两千米的高度了，但能不能看到我们的家，我也不清楚，回头我问一下萧山机场的朋友。"娘大悦："机场你也有朋友啊！"我重重地"嗯"了下。

我特意将车拐到了金桥南路上，指着路旁砍倒的树木，告诉娘："这里在造地铁了，今后你去杭州看老二，半个钟头就到了。"娘扒着车窗，感叹着："我们也做城里人了，乡下的地下也能跑火车了！"

我说："娘，你要活得好好的，我们去上天入地！"娘重重地"嗯"了下。我一脚油门，箭一样往医院射去。

娘耐着性子住了一周的院，到了周一立马要出院。说整天被医生拿针扎来触去的，血又抽那么多，不知要吃多少饭才能补回来，再住下去好人也要住出毛病来！比坐牢还难受，不住了不住了。我去办了出院手续，又接着订机票。娘却说不想乘飞机了，我问为什么，她说她吃不消乘了。我说她撒谎，逼着她说出实情来，她支吾了半天才说出心里话。儿子们撂下工作撂下家，就为她图个稀奇，还费钱，实在是心疼儿子们。我诧异道："娘你怎么会这样想的？我们还没有好好尽过孝哪！"娘欣慰地笑笑，说："人老了不中用了，到哪都是个烟柴簓头。"我蹲下身，拉住娘的手说："不，在儿这里你永远不会是烟柴簓头。"

我和小弟把轮椅推来，娘死活不肯坐轮椅，她认为坐轮椅了就是个废人了，还有她心疼儿子们劳累，但她架不住我和小弟连劝带挨，终于坐在了轮椅上。

车跑在杭千高速上，娘兴奋地东张西望，大赞好快好快，她这辈子值得了。小弟指着旁边在建的工地告诉娘，那是杭黄高铁，高铁那速度呀比汽车快好几倍。他还在手机上播放给娘看，娘不由赞叹："比鸟还飞得快！"娘的这个比喻惹得我和小弟哈哈大笑。娘又说，日本佬打进村里那会，点着了她家的房子，她逃也逃不快，那时想，要是有辆牛车就好了！我和小弟又哈哈笑，娘也跟着笑，并强调那时她真的是这么想的。笑完，又感叹，就这么几十年，眼睛一眨老母鸡变鸭！小弟说，多好的日子啊，娘你要好好活着！

在机场朋友的帮助下，托运了轮椅，顺利登了机。靠窗坐好后娘在嘿嘿笑，问她为何笑，她说自己真傻，飞机哪会像汽车，上面没有站的乘客，坐得还要捆上带子，人根本不会掉下天去。天气很好，飞机也爬升得很高，尽管机场的朋友指点过了，但我们面对广袤的大地，密密麻麻的城市村庄，还是两眼发愣。小弟指着一个江河边的村庄说："娘你快看下面，这是富春江，这个是我们村子，那间黑瓦房子，带个院子的，就是我们的家。"娘的额头贴紧在机窗上，兴奋地嚷嚷着，是呀是呀看到了看到了！我瞄了眼，这分明还在萧山界内嘛！小弟瞎扯，娘也瞎认，我想笑却又笑不出，不知是啥滋味。

飞机颤抖了几下后抢到了云层之上，开始巡航飞行，眼下尽是连绵云海，娘说："飞机怎么还是汽车快？像坐在家里一样。"小弟想解释，我阻止了他。因为刚才飞机起跑拉升的过程中，我分明看到了娘是紧紧抓着扶手，抿紧了嘴巴的。我以为这是紧张，但她闪亮的眼神，微红的脸色，还有惬意欢畅的神情，又分明是在享受。这是飞驰升腾的速度带给她的惬意和欢畅，娘竟然好这一口。娘在自言自语："咦，不对呀，我在院屋顶上看它是飞快的，在里面反而觉不出，噢！它是快得让我感觉不到快了。"小弟说："娘，等杭黄高铁和城际地铁开通了，我们去感受一下，有参照物飞速掠过的那种快。"

可是，从香港回来后几个月，娘便离我们而去了。火化前，我把她的那张机票放进了她的衣袋里。杭黄高铁通车的那天，我怀揣着娘的遗像登上了高铁，我说："娘，我们去飞啦！"